国家卫生和计划生育委员会"十三五"规划教材配套教材

全国高等学校配套教材

供康复治疗学专业用

人体运动学
学习指导及习题集

第3版

主　　编　敖丽娟　黄晓琳

副 主 编　潘燕霞　许　涛

编　　者（以姓氏笔画为序）

马　萍　哈尔滨医科大学

王　艳　黑龙江中医药大学

冯　伟　上海中医药大学

许　涛　华中科技大学同济医学院

肖建兵　哈尔滨医科大学

钟卫权　徐州医科大学

敖丽娟　昆明医科大学

徐冬青　天津体育学院

黄晓琳　华中科技大学同济医学院

潘燕霞　福建医科大学

编写秘书　孟繁媛　昆明医科大学

人民卫生出版社

图书在版编目（CIP）数据

人体运动学学习指导及习题集 / 敖丽娟，黄晓琳主编 . —3 版 . —北京：人民卫生出版社，2019

全国高等学校康复治疗专业第三轮规划教材配套教材

ISBN 978-7-117-28627-5

Ⅰ . ①人… Ⅱ . ①敖… ②黄… Ⅲ . ①人体运动 – 人体学 – 高等学校 – 教学参考资料 Ⅳ . ①G804

中国版本图书馆 CIP 数据核字（2019）第 129018 号

人卫智网　**www.ipmph.com**	医学教育、学术、考试、健康，购书智慧智能综合服务平台	
人卫官网　**www.pmph.com**	人卫官方资讯发布平台	

人体运动学学习指导及习题集
第 3 版

主　　编：敖丽娟　黄晓琳
出版发行：人民卫生出版社（中继线 010-59780011）
地　　址：北京市朝阳区潘家园南里 19 号
邮　　编：100021
E - mail：pmph @ pmph.com
购书热线：010-59787592　010-59787584　010-65264830
印　　刷：三河市潮河印业有限公司
经　　销：新华书店
开　　本：787 × 1092　1/16　印张：5.5
字　　数：141 千字
版　　次：2011 年 7 月第 1 版　　2019 年 7 月第 3 版
　　　　　2025 年 1 月第 3 版第 7 次印刷（总第 14 次印刷）
标准书号：ISBN 978-7-117-28627-5
定　　价：18.00 元
打击盗版举报电话：010-59787491　　E-mail：WQ @ pmph.com
（凡属印装质量问题请与本社市场营销中心联系退换）

前言

本科康复治疗学专业原卫生部"十二五"规划教材配套教材《人体运动学学习指导及习题集》第2版自2013年问世至今已经历了6年的教学实践,使用单位反映良好。随着学科的发展、专业知识的不断更新以及"十三五"期间教育部对人才培养质量要求的进一步提升,同时也在教材的使用过程中发现了一些问题,因此,在主干教材《人体运动学》进行第3版更新的同时,我们对学习指导及习题集进行了再版修订。

人体运动学是康复医学的重要组成部分,是康复治疗学重要的专业基础课程。这门课程主要介绍和分析人体运动的基础力学机制和肌肉骨骼的功能,使学生在掌握人体运动功能解剖的基础上,学会应用力学的机制分析正常人体和病理状态下人体的运动情况以及运动对人体的影响,从而更好地理解人体骨骼、肌肉系统的功能,为今后康复治疗相关专业课的学习打下良好基础。为进一步巩固学生的理论知识,增强学生对理论知识的学习和应用,作为主干教材的主要配套教材《人体运动学学习指导及习题集》,每章节都包含有学习目标、重点和难点内容、习题及参考答案四部分。在学习目标中把学习内容按照课程要求分成掌握、熟悉、了解三个层次,以便老师和学生把握学习的深度,重点和难点的内容非常方便学生高效获取核心知识点,把书由厚念到薄。习题包含了执业医师资格考试的主要题目类型并给出了参考答案,总之,本书涵盖了该门课程所有知识要点,希望成为老师和同学的人手不离的参考书。

在编写过程中为保证本书质量,各位编者精诚合作,反复沟通。作为编写秘书,昆明医科大学康复学院的孟繁媛老师做了大量的基础工作及协调工作,在这里一并表示感谢!

第3版《人体运动学学习指导及习题集》部分作者进行了更新,编写团队相对年轻,编写过程中由于经验不足难免存在不当之处,敬请各位同行批评指正。

敖丽娟

2019 年 4 月

目录

第一章
总论

第一节　人体运动学基础

一、学习目标

1. **掌握**　人体关节运动的形式,杠杆原理,关节活动顺序性原理,人体运动中的动力与阻力,人体运动中的内力与外力,保持人体平衡的条件,人体平衡的特点,人体重心。

2. **熟悉**　人体运动描述的运动平面、运动轴、运动链、自由度和关节角度,人体运动静力学的力矩、力偶、力偶矩的概念,力的平移定理,人体的转动运动,人体转动运动学描述的物理量。

3. **了解**　运动学描述常见的物理量,人体运动动力学理论,人体运动的功能关系,人体转动动力学。

二、重点和难点内容

重点

（一）人体运动的形式

1. 人体简化后的运动形式
2. 人体关节的运动形式
3. 人体的基本运动形式

（二）人体基本动作原理

1. 杠杆原理
2. 关节活动顺序性原理

（三）人体运动的描述

1. 运动平面
2. 运动轴
3. 运动链
4. 自由度
5. 关节角度

（四）人体运动的动力学

1. 人体运动中的力
2. 人体运动动力学理论

（五）人体运动的静力学

1. 人体平衡的条件及特点

2. 人体重心

（六）人体运动的转动力学

1. 转动动力学

2. 人体的转动运动

难点

1. 杠杆原理

2. 关节活动顺序性原理

3. 运动链

4. 人体平衡的条件

三、习题

（一）名词解释

1. 矢量

2. 闭链运动

3. 开链运动

4. 自由度

5. 力偶

6. 力偶矩

7. 稳定角

8. 稳定系数

9. 角位移

（二）填空题

1. 人体简化后的运动形式包括_____、_____和_____。

2. 上肢的基本运动形式主要包括_____、_____和_____。

3. 全身基本运动形式主要包括_____、_____和_____。

4. 人体平衡的力学条件是合外力为_____,合外力矩为_____,两个基本条件必须同时得到满足。

5. 人体平衡除了考虑受力关系外,还有_____、_____、_____、和_____等因素。

（三）选择题

【A1 型题】

1. **不属于**踝关节的运动形式

    A. 屈 / 伸   B. 旋前 / 旋后   C. 内收 / 外展

    D. 内翻和外翻   E. 内旋 / 外旋

2. 属于相向运动的动作

    A. 跳远   B. 跳绳   C. 跑步   D. 俯卧撑   E. 骑车

3. 描述**错误**的是

    A. 描述人体空间内的运动,通常用矢状面、冠状面、水平面来表示

    B. 描述人体空间运动的三个平面相互间呈垂直关系

    C. 一个人前行可以说其在水平面运动

D. 一个人转身可以说其在水平面运动

E. 一般把关节在矢状面的运动定义为屈伸运动

【A2 型题】

4. 王某抓住自己的头发想将自己提起来,结果却失败了,可能的原因是

A. 外力不够　　　　　　　　　B. 单一内力运动不能改变人的整体运动状态

C. 内力不够　　　　　　　　　D. 头发承受不够

E. 内力转化为外力

【B 型题】

(5~6 题共用备选答案)

A. 天平

B. 跷跷板运动

C. 支点位于力点和阻力点中间

D. 阻力点位于力点和支点中间

E. 力点位于阻力点和支点的中间

5. 属于省力杠杆的是

6. 属于获取速度的杠杆是

(四)简答题

1. 试述人体运动内力与外力的相互作用。

2. 简要描述人体运动的面与轴。

四、参考答案

(一)名词解释

1. **矢量**:有大小并有一个方向的物理量叫矢量。

2. **闭链运动**:如果一个运动链的两端都被固定住,或者说运动链中每一个环节至少和其他两个环节相连就叫闭链。如在弓步压腿动作中,两腿与骨盆组成的运动链可以看作是闭链运动。

3. **开链运动**:如果运动链的末端环节是可以自由运动的,或者说如果运动链中有一个环节只和其他一个环节相连接,这个运动链就叫开链,这种运动形式称为开链运动。

4. **自由度**:关节面的形态及结构决定了关节可能活动的轴,自由度与关节活动轴有关,关节轴有几个活动方向,就有几个自由度。

5. **力偶**:通常把作用于同一刚体上两个大小相等、方向相反、作用线互相平行,但不在同一条直线上的一对力称为力偶,其效果是产生转动效应。

6. **力偶矩**:力偶平行力中的一个力与平行力之间距离(称力偶臂)的乘积,称为力偶矩。

7. **稳定角**:指重心垂直投影线和重心至支撑面边缘相应点连线间的夹角。

8. **稳定系数**:倾倒力开始作用时稳定力矩与倾倒力矩的比值。

9. **角位移**:人体整体或环节围绕某个轴转动时转过的角度叫角位移。

(二)填空题

1. 平动、转动、复合运动

2. 推、拉、鞭打

3. 摆动、躯干扭转、相向运动

4. 0、0

5. 支撑面、重心高低、稳定角、平衡角、稳定系数

（三）选择题

【A1 型题】

1. E 2. A 3. C

【A2 型题】

4. B

【B 型题】

5. D 6. E

（四）简答题

1. 试述人体运动内力与外力的相互作用。

人体的运动既取决于内力,也取决于外力。人体更多的运动是通过内力(肌力)和周围环境相互作用而产生不同的外力,再通过这些外力反过来作用于人体,从而实现人体的不同形式的运动。如人的走、跑、跳等动作,都是人体以不同的蹬地动作施力于地面,从而引起不同的蹬地反力作用于人体,因而产生不同形式的运动。

2. 简要描述人体运动的面与轴。

人体运动的面:①水平面。②额状面。③矢状面。

人体运动的轴:①横轴。②纵轴。③矢状轴。

(许 涛)

第二节 骨与关节的基本结构与功能

一、学习目标

1. **掌握** 骨的形态,长骨骨密质的结构,骨的应力、应变,骨的载荷和变形,骨的功能适应性原则,关节的基本结构和辅助结构,关节的运动。

2. **熟悉** 骨的代谢,骨的血管、淋巴与神经,骨的生物力学特征,直接连结的分类及关节的分类。

3. **了解** 骨的功能,载荷与骨折的关系及骨折的生物力学原理。关节的血管、淋巴管和神经,关节的活动度与稳定性。

二、重点和难点内容

重点

（一）骨的运动学基础

1. 骨的形态、构造与代谢

2. 骨的血管、淋巴与神经

（二）骨的运动适应性

1. 骨的生物力学特性

2. 骨的功能适应性

（三）关节的运动学基础

1. 骨连结的分类
2. 关节的构成
3. 关节的运动
4. 关节的分类
5. 关节的血管、淋巴管和神经
6. 关节的活动度与稳定性

难点

1. 骨的代谢
2. 骨的血管
3. 骨的生物力学特性
4. 关节的分类

三、习题

（一）名词解释

1. 骺软骨
2. 骨单位
3. 骨松质
4. 骨密质
5. BRU
6. 骨塑形
7. 骨代谢
8. 骨重建
9. 骨应力
10. 骨应变
11. 骨强度
12. 骨应力 - 应变曲线
13. 骨应变能量
14. 拉伸载荷
15. 复合载荷
16. 骨的各向异性
17. 压缩变形
18. 骨的稳定性
19. 应力性骨折
20. 骨外表再造
21. 直接连结
22. 自由度
23. 附属运动
24. 关节锁定位

（二）选择题

【A1 型题】

1. 位于四肢的骨多为
   A. 扁骨　　　B. 长骨　　　C. 短骨　　　D. 不规则骨　　　E. 含气骨

2. **不属于**骨膜的特点是
   A. 分骨内膜和骨外膜　　　　　　　B. 骨内膜有破骨细胞
   C. 骨外膜有成骨细胞　　　　　　　D. 对骨再生无任何作用
   E. 骨膜上有丰富的血管和神经

3. 骨的主要成分是
   A. 骨膜　　　B. 骨质　　　C. 骨髓　　　D. 骨干　　　E. 骨骺

4. 分布在骨表面及长骨骨干的是
   A. 骨质　　　B. 骨膜　　　C. 骨松质　　　D. 骨密质　　　E. 骨髓

5. 骨密质主要分布在
   A. 短骨的内部　　　　　　B. 长骨的内部　　　　　　C. 骨的外表面
   D. 骨髓腔中　　　　　　　E. 骨骺

6. 具有造血功能的结构是
   A. 松质骨　　　B. 骨膜　　　C. 红骨髓　　　D. 黄骨髓　　　E. 密质骨

7. 骨松质主要分布在
   A. 长骨骨干　　　　　　B. 骨的内部　　　　　　C. 骨的外表面
   D. 骨髓腔中　　　　　　E. 骨的内表面

8. 骨重建时,破骨细胞的前驱细胞分化成破骨前细胞,并附着在骨表面上,此期为
   A. 静止期　　　B. 激活期　　　C. 吸收期　　　D. 形成期　　　E. 转换期

9. 一个骨的重建周期约
   A. 2 个月　　　B. 3 个月　　　C. 4 个月　　　D. 5 个月　　　E. 半年

10. **不是**骨的作用是
    A. 杠杆作用　　　　　　B. 支撑作用　　　　　　C. 造血作用
    D. 钙磷库　　　　　　　E. 连结作用

11. 骨在承载负荷的情况下能抵抗其被破坏的能力是
    A. 骨的韧性　　　　　　B. 骨的强度　　　　　　C. 骨的刚性
    D. 骨的弹性　　　　　　E. 骨稳定性

12. 骨在外力作用下能抵抗其变形的能力是
    A. 骨的韧性　　　　　　B. 骨的强度　　　　　　C. 骨的刚性
    D. 骨的弹性　　　　　　E. 骨稳定性

13. 大小相等、方向相反沿轴线方向作用于骨的两端的载荷是
    A. 剪切载荷　　　　　　B. 压缩载荷　　　　　　C. 拉伸载荷
    D. 复合载荷　　　　　　E. 弯曲载荷

14. 施加于骨组织表面的两个沿轴线的大小相等、方向相对的载荷是
    A. 剪切载荷　　　　　　B. 弯曲载荷　　　　　　C. 拉伸载荷
    D. 复合载荷　　　　　　E. 压缩载荷

15. 跌倒后发生的桡骨远端骨折,其所受到的力往往是

A. 剪切力 　　　　　　　　B. 扭转力 　　　　　　　　C. 压缩力

D. 复合力 　　　　　　　　E. 拉伸力

16. 骨在外力作用下的局部变形称

A. 应力 　　　B. 应变 　　　C. 压缩 　　　D. 应变能量 　　　E. 拉伸

17. **不会**对骨造成永久性变形的载荷位于

A. 弹性变形区内 　　　　　　B. 塑性变形区内 　　　　　　C. 屈服点以后

D. 弹性变形区外 　　　　　　E. 断裂点以后

18. 当一对相距很短、方向相反的力作用于骨时可能会产生

A. 剪切骨折 　　　　　　　　B. 扭转骨折 　　　　　　　　C. 压缩骨折

D. 粉碎性骨折 　　　　　　　E. 拉伸骨折

19. 当骨的两端受到一对大小相等、方向相反沿轴线的力的作用称为

A. 弯曲载荷 　　　　　　　　B. 压缩载荷 　　　　　　　　C. 拉伸载荷

D. 剪切载荷 　　　　　　　　E. 扭转载荷

20. 外部形状的改变称为

A. 骨重建 　　　　　　　　　B. 骨构建 　　　　　　　　　C. 骨内部再造

D. 骨外部再造 　　　　　　　E. 骨丢失

21. **不属于**直接连结的是

A. 韧带连结 　　　　　　　　B. 缝 　　　　　　　　　　　C. 透明软骨连结

D. 纤维软骨连结 　　　　　　E. 肩关节

22. 属于关节基本结构的是

A. 韧带 　　　B. 关节盘 　　　C. 滑膜囊 　　　D. 关节囊 　　　E. 滑膜襞

23. 肩关节有几个自由度

A. 1 个 　　　B. 2 个 　　　C. 3 个 　　　D. 4 个 　　　E. 5 个

24. 相关节的两骨之间角度减小或者增大称为关节的

A. 滑动 　　　B. 屈伸 　　　C. 收展 　　　D. 旋转 　　　E. 环转

25. 属于单轴关节的是

A. 车轴关节 　　　　　　　　B. 椭圆关节 　　　　　　　　C. 鞍状关节

D. 球窝关节 　　　　　　　　E. 杵臼关节

【X 型题】

26. 对长骨的正确描述是

A. 呈长管状 　　　　　　　　B. 两端的膨大部为骨骺 　　　C. 主要分布于四肢

D. 骺软骨终身不骨化 　　　　E. 骨干的主要结构是骨密质

27. 对短骨的正确描述是

A. 呈立方形,仅表面为密质骨,内部则为松质骨

B. 有多个关节面,可与相邻的数块骨构成多个关节

C. 多分布于承受压力较大、运动形式较复杂而运动又灵活的部位

D. 常以多个短骨集群存在,当承受压力时,各骨紧密聚集,形成拱桥结构

E. 多分布于躯干

28. 骨密质

A. 分布在骨的外表面 　　　　　　　　　　　B. 分布在骨的内部

C. 长骨骨干的主要组成成分　　　　　　　D. 具有生成骨质的作用

E. 具有结构厚而致密、坚硬、抗扭曲力强的特点

29. 下列哪些选项**不属于**新鲜骨的主要构造

　　A. 骨髓腔、骨膜和骨质　　　　B. 骨膜、骨质和骨髓　　　　C. 血管、骨质和骨髓

　　D. 神经、骨质和骨髓　　　　　E. 骨膜、骨质和红骨髓

30. 对骨髓的正确描述是

　　A. 可分为红骨髓和黄骨髓　　　B. 红骨髓有造血功能　　　C. 黄骨髓有造血功能

　　D. 黄骨髓无造血功能　　　　　E. 位于骨髓腔和松质骨网眼内

31. 对黄骨髓的正确描述是

　　A. 分布在胎儿和幼儿骨内　　　B. 可转化为红骨髓　　　C. 不具有造血功能

　　D. 由红骨髓转化而来　　　　　E. 位于骨髓腔内

32. 长骨的血液供应来自

　　A. 骨干动脉　　　　　　　　　　　　B. 滋养动脉

　　C. 骨端、骨骺和干骺端血管　　　　　D. 骨膜血管

　　E. 骨髓腔动脉

33. 骨塑形

　　A. 发生在人的生长期　　　　　　　　B. 骨形成大于骨吸收

　　C. 骨量呈线性增长　　　　　　　　　D. 骨皮质增厚,骨松质不改变

　　E. 骨皮质增厚,骨松质更密集

34. 对骨重建的正确描述是

　　A. 一个骨重建周期约需 5 个月

　　B. 一个骨重建所形成的结构为一个骨重建单位

　　C. 在骨重建过程中,先出现骨的形成,然后再有骨的吸收

　　D. 骨吸收与形成的骨量大致相当

　　E. 骨形成与骨吸收同时发生

35. 骨重建

　　A. 发生在成人期　　　　　　　　　　B. 骨生长停止

　　C. 骨形成与骨吸收活动均停止　　　　D. 骨形成与骨吸收仍在继续

　　E. 成骨细胞与破骨细胞的活动处于平衡状态

36. 衡量骨承载能力的主要指标有

　　A. 骨的韧性　　　　　　　B. 骨的强度　　　　　　　C. 骨的刚性

　　D. 骨的弹性　　　　　　　E. 骨的稳定性

37. 决定骨断裂抵抗力和变形特征的主要因素是

　　A. 骨所承受力的大小　　　　　　　　B. 骨所承受力的方向

　　C. 骨所承受的力的作用点　　　　　　D. 组成骨组织的材料特性

　　E. 骨的形状

38. 在应力-应变曲线弹性区的斜率

　　A. 称弹性模量

　　B. 称弹性极限

　　C. 表示材料抗形变的能力

D. 是一个常数,弹性模量越大,产生一定应变所需的应力越大

E. 表示导致骨折所需要的能量

39. 影响骨强度与刚度的因素有

    A. 骨的大小   B. 骨的形状   C. 骨的组织结构

    D. 骨所受的压应力   E. 骨的横截面面积

40. 在密度相对较低的骨松质部位,骨小梁主要表现是

    A. 为开放型的针状结构   B. 由针状和片状网格混合而成

    C. 成封闭式的片状结构   D. 由针状和封闭式片状混合而成

    E. 低密度的针状开放网格与低应力区域相对应

41. 下列属于直接连结的是

    A. 矢状缝   B. 前臂骨间膜   C. 肩关节

    D. 耻骨联合   E. 椎间盘

42. 属于关节辅助结构的是

    A. 关节面   B. 囊内韧带   C. 关节唇   D. 滑膜囊   E. 滑膜襞

43. 关节的基本运动形式有

    A. 滑动   B. 屈和伸   C. 收和展   D. 旋转   E. 环转

44. 属于多轴关节的是

    A. 屈戌关节   B. 椭圆关节   C. 鞍状关节   D. 球窝关节   E. 杵臼关节

45. 关节的基本结构包括

    A. 关节头   B. 关节窝   C. 韧带   D. 纤维膜   E. 滑膜

(三) 简答题

1. 简述骨密质的构造与功能特点。

2. 何谓骨的载荷和骨的应力? 骨应力常有哪几种? 对骨有何生理意义?

3. 简述骨松质的结构特征与其功能适应性。

4. 简述机械力对骨的影响。

5. 简述关节的基本结构。

6. 简述影响关节的活动度与稳定性的因素。

四、参考答案

(一) 名词解释

1. **骺软骨**:是幼年时期位于骨干骺端处的软骨,参与骨的生长。成年后,骺软骨板骨化后遗留成骨骺线,骨的生长也随之停止。

2. **骨单位**:是骨密质的基本结构单位。位于骨内、外环骨板之间,是骨干骨密质的主体。从骨单位的横断面可以看到同心分布的骨板,成为不同直径的、一层套一层的封闭的圆柱。

3. **骨松质**:分布于长骨的骨骺和骨干的内侧面。由数层平行排列的骨板和骨细胞构成大量针状或片状骨小梁,并相互连接成多孔隙网架结构,网孔即骨髓腔,其中充满红骨髓。

4. **骨密质**:分布于长骨的骨干和骨的外表面。长骨骨干的骨板排列很规则,按骨板的排列方式分为环骨板、骨单位和间骨板。

5. **BRU**:骨重建单位(bone reconstructive unit,BRU)。一个骨重建所形成的结构为一个骨重建单位。

6. **骨塑形**：在人的生长期，骨形成大于骨吸收，骨量呈线性增长，表现为骨皮质增厚，骨松质更密集，这一过程称为骨构建或称骨塑形。

7. **骨代谢**：是成骨细胞和破骨细胞参与的骨形成与骨吸收的过程。其代谢活动是一个动态平衡过程。

8. **骨重建**：在成人期，骨生长停止，但骨的形成和吸收仍在继续，处于一种平衡状态，称为骨重建。

9. **骨应力**：是当外力作用于骨时，骨以形变产生内部的阻抗以抗衡外力，即是骨产生的应力。

10. **骨应变**：是指骨在外力作用下的局部变形，其大小等于骨受力后长度的变化量与原长度之比，即形变量与原尺度之比。

11. **骨强度**：指骨在承载负荷的情况下抵抗破坏的能力，是衡量骨承载能力的指标之一。

12. **骨应力－应变曲线**：表示应力和应变之间的关系的曲线。该曲线分弹性变形区和塑性变形区两个区。在弹性变形区内的载荷不会造成骨的永久性形变（如骨折）。

13. **骨应变能量**：指达到极限负荷时的应力-应变曲线下面的面积，该面积表示导致骨折所需要的能量。一般骨的生理负荷使骨产生弹性变形，是弹性区内骨所能承受应力的大小。当外力去除后，弹性区内的能量能同时被骨释放，使骨恢复原状。

14. **拉伸载荷**：骨的两端受到一对大小相等、方向相反沿轴线的载荷。骨受拉伸载荷后，能够导致骨骼内部产生拉应力和应变，使骨伸长并同时变细。

15. **复合载荷**：骨处于两种或多种载荷的状态。

16. **骨的各向异性**：骨的结构为中间多孔介质的夹层结构材料，这种材料称为各向异性体，因其不同方向的力学性质不同，称各向异性。

17. **压缩变形**：压缩载荷作用于骨且超出其生理承载极限时，骨组织产生的短缩形变。

18. **骨的稳定性**：指骨保持原有平衡形态的能力，是衡量骨承载能力的指标之一。

19. **应力性骨折**：指骨长期承受反复负荷（如长时间的行走）后，发生微损伤而逐渐形成的骨折。它是由于损伤的不断积累，超过机体的修复能力，继而产生的骨折。

20. **骨外表再造**：骨外部形状的改变称为外表再造，是骨适应其承载而做出的适应性变化，可以表现为骨最优化的形状。

21. **直接连结**：直接连结是指两骨之间借纤维结缔组织、软骨或者骨直接相连，连结紧密、牢固，活动性较小或者完全不活动。直接连结又可分为纤维连结、软骨连结和骨性连结。

22. **自由度**：是指关节所允许的自主运动方向的数量。一个关节对于三个基本运动平面，最多可以有三个自由度。

23. **附属运动**：发生在大多数关节的轻微的被动位移被称为附属运动，是在关节在正常解剖活动范围之内，生理活动范围之外完成的一种被动运动，无法主动完成。

24. **关节锁定位**：大多数关节成对的关节面之间有一个最合适的位置，通常是在动作的最末端或者接近末端，这个位置被称为关节锁定位。在这个位置，大量韧带和关节囊被拉紧，附属运动一般很少，是提供关节稳定度的一个因素。

（二）选择题

【A1 型题】

1. B　2. D　3. B　4. D　5. C　6. C　7. B　8. B　9. B　10. E　11. B　12. C　13. C　14. E　15. D　16. B　17. A　18. A　19. C　20. D　21. E　22. D　23. C

24. B 25. A

【X型题】

26. ABCE 27. ABCD 28. ACE 29. ACDE 30. ABDE 31. BCDE 32. BCD 33. ABCE 34. BD 35. ABDE 36. BCE 37. ABCDE 38. ACD 39. ABCDE 40. AE 41. ABDE 42. BCDE 43. ABCDE 44. DE 45. ABDE

（三）简答题

1. 简述骨密质的构造与功能特点。

骨密质由排列很规则的骨板所组成。按骨板的排列方式可将骨板分为环骨板、骨单位和间骨板。环骨板是环绕骨干内、外表面的骨板，分别称为内环骨板和外环骨板。外环骨板较厚，数层到十多层，整齐地环绕骨干排列；内环骨板较薄，仅几层，排列不甚规则。骨单位数量最多，位于内、外环骨板之间，呈圆筒状，中轴有中央管，周围为4～20层同心圆排列的哈弗斯骨板。间骨板是骨单位或环骨板在生长、改建过程中被吸收后残留的部分，呈不规则形态，充填于骨单位之间或骨单位与环骨板之间的平行骨板。由于密质骨排列紧密，因而在功能上具有抗压、抗压缩和抗扭转能力强的特点，常分布于长骨的骨干和骨的外表面。

2. 何谓骨的载荷和骨的应力？骨应力常有哪几种？对骨有何生理意义？

作用在骨表面的各种外力，即骨的载荷。当外力作用于骨时，骨以形变产生内部的阻抗以抗衡外力，即骨产生的应力。应力的大小等于作用于骨截面上的外力与骨横断面面积之比，单位为 Pascal（$Pa = N/m^2$），即牛顿每平方米。骨的应力根据作用于骨的力不同而不同，常见的应力有压应力、拉应力及剪切应力等。应力对骨的改变，在生长和骨的吸收中起着调节作用，应力不足会使骨萎缩，应力过大也会使骨萎缩。因此，对于骨来说，存在一个最佳的应力范围。

3. 简述骨松质的结构特征与其功能适应性。

骨松质的网格形式与其结构密度有密切关系。由于骨的密度依赖于外加载荷的大小，因此，不同部位骨松质具有不同类型的显微结构，也表现出对不同受力特点和不同力学环境的适应性。骨松质的结构密度与其所受的应力大小成正比，在密度相对较低的骨松质部位，骨小梁主要表现为开放型的针状结构，即低密度的针状开放网格与低应力区域相对应；在密度相对较高的骨松质部位，因有较多的骨组织聚集在骨小梁上，则形成封闭式的片状结构，即高密度的片状封闭网格产生于高应力区域；中等相对密度时，结构由针状和片状网格混合而成。骨小梁的排列方向依赖于作用在骨松质上的应力的大小、方向和力的类型。若骨松质主要承受轴向压缩应力，其骨小梁呈柱状对称性排列。在垂直方向，柱状骨小梁具有较高的刚度和强度，而在水平方向，骨小梁的刚度和强度就相对较低。如果受力情况复杂，骨小梁的结构也将呈现复杂型，并表现出高度的不对称性。当骨骼中钙质减少、开始发生骨质疏松时，往往是遵循承重功能最重的骨小梁最后消失的原则，以便最大限度地保护病人免于或减轻伤害。

4. 简述机械力对骨的影响。

在骨承受载荷的限度内，根据沃尔夫定律，成人骨对机械力的反应是由应力值所决定的。一般而言，机械应力与骨组织之间存在着生理平衡。在平衡状态下，骨组织的成骨细胞和破骨细胞的活性大体相同。当人体活动增加、应力增大时，成骨细胞活性增强，骨质生成增加，骨的承载面增大，以适应大的运动量的需要。与此同时，使应力下降而达到了新的平衡。反之，当应力降低时，破骨细胞的活性则增强，骨吸收功能增大，骨组织量下降，结果使应力增加。可见，骨对生理应力刺激的反应是处于动态平衡状态，应力越大，骨组织增生和骨密质增厚越明显。所以,保持相当的运动量(尤其是中老年人和更年期妇女)是预防骨质疏松的重要措施之一。

5. 简述关节的基本结构。

关节的基本结构包括关节面、关节囊和关节腔,每个关节必须具有这些结构。关节面是构成关节的骨的接触面,关节至少有两个关节面,一般为一凸一凹,凸面称关节头,凹面称关节窝。关节面表面覆盖有关节软骨。关节囊是由结缔组织构成的膜囊,附着于关节的周围,封闭关节腔,可分为纤维膜和滑膜层。关节腔由滑膜和关节面共同围成的密闭腔隙,内有少量滑液,并且为负压状态,对维持关节的稳定有一定的作用。

6. 简述影响关节的活动度与稳定性的因素。

决定关节活动度和稳定性的因素主要有关节面的形态、关节面的弧度差、关节囊的厚薄和松紧度,关节周围韧带的多少和强弱、有无关节盘的加入以及关节周围肌群的强弱和收缩幅度等。

（肖建兵）

第三节 肌肉的基本结构与功能

一、学习目标

1. **掌握** 肌肉的组成、类型和特性,运动单位,肌肉功能状态指标,肌在平衡与协调中的作用,肌肉训练的结构基础,超量恢复原理,牵拉-缩短周期运动的训练适应。
2. **熟悉** 肌肉的功能和运动形式,肌的协同,肌的运动适应性。
3. **了解** 肌肉对物理因子刺激的适应与反应,影响骨骼肌运动的因素。

二、重点和难点内容

重点

（一）肌肉的运动学基础

1. 肌肉的组成、类型及特性

2. 肌肉的功能及运动形式

3. 肌肉功能状态指标

4. 肌肉的协同

5. 肌肉在平衡与协调中的作用

（二）影响骨骼肌运动的因素

难点

1. 肌肉训练的结构基础

2. 肌肉的运动适应性

三、习题

（一）名词解释

1. 肌力

2. 肌耐力

3. 快速力量

4. 爆发力

5. 等长运动

6. 向心运动

7. 离心运动

8. 多关节肌"主动不足"

9. 多关节肌"被动不足"

10. 肌肉的协同作用

（二）选择题

【A1型题】

1. 牵拉－缩短周期,肌肉先做
   A. 等长运动　　B. 向心运动　　C. 等张运动　　D. 离心运动　　E. 等速运动

2. 通过被动运动可以测评
   A. 快速力量　　B. 肌张力　　C. 肌耐力　　D. 肌力　　E. 爆发力

3. 肌力产生的功能单位
   A. 肌小节　　B. 粗肌丝　　C. 细肌丝　　D. 肌球蛋白　　E. 运动单位

4. 肌肉的并联弹性成分是
   A. 肌膜　　B. 肌腱　　C. 韧带　　D. 肌球蛋白　　E. 肌钙蛋白

5. 肌肉的串联弹性成分是
   A. 肌膜　　B. 肌束膜　　C. 韧带　　D. 肌腱　　E. 皮肤

6. 深筋膜
   A. 又称皮下筋膜　　　　　B. 由疏松结缔组织构成　　　　　C. 构成肌间隔
   D. 内富有脂肪　　　　　E. 位于真皮之下

7. 关于红肌纤维的描述,**错误**的是
   A. 对刺激产生较缓慢的收缩反应　　　　　B. 又称慢肌
   C. 具有较丰富的血液供应　　　　　D. 能够承受长时间的连续活动
   E. 能在短时间内产生巨大张力

8. 关于白肌纤维的描述,**错误**的是
   A. 对刺激常产生快速的收缩反应　　　　　B. 也称为快肌纤维
   C. 能在短时间内产生巨大张力　　　　　D. 极易陷入疲劳
   E. 对刺激产生较缓慢的收缩反应

9. 关于等长运动的描述,**错误**的是
   A. 固定体位　　　　　B. 长度缩短　　　　　C. 起止点无位移
   D. 不做功　　　　　E. 维持姿势

10. 关于肌力的描述**错误**的是
    A. 肌肉收缩时所表现出来的能力
    B. 以肌肉最大兴奋时所能负荷的重量来表示
    C. 体现肌肉主动收缩或对抗阻力的能力
    D. 反映肌肉最大收缩水平

E. 肌肉在安静时所保持的紧张度

11. 肌肉在一定负荷条件下保持收缩或持续重复收缩的能力是指

    A. 肌力   B. 肌张力   C. 肌耐力   D. 快速力量   E. 爆发力

12. 肌或肌群在一定速度下所能产生的最大力量是指

    A. 肌力   B. 肌张力   C. 肌耐力   D. 快速力量   E. 爆发力

13. 哪一项是肌肉在安静时所保持的紧张度

    A. 肌力   B. 肌张力   C. 肌耐力   D. 快速力量   E. 爆发力

14. 直接完成动作的肌/肌群称为

    A. 原动肌   B. 拮抗肌   C. 协同肌   D. 中和肌   E. 多关节肌

15. 抵消原动肌收缩时所产生的一部分**不需要**的动作是

    A. 原动肌   B. 拮抗肌   C. 协同肌   D. 中和肌   E. 多关节肌

16. 肌急性适应变化描述**错误**的是

    A. 运动即刻、短时的结构和功能变化

    B. 运动早期肌的结构和功能变化

    C. 通常肌急性阶段所受的负荷越小、时间越少、运动频次越低,则肌的结构和功能变化越小

    D. 通常肌急性阶段所受的负荷越大、时间越长、运动频次越高,则肌的结构和功能变化越大

    E. 肌急性阶段所受的负荷大、时间长,也不会对肌肉的结构和功能产生影响

17. 关于肌慢性适应的表现**错误**的是

    A. 肌原纤维的蛋白质含量增加、肌肉横截面积增加

    B. 肌力和肌肉力量技能增加

    C. 耐力训练可引起肌纤维类型成分发生改变,促进快肌纤维向慢肌纤维转换

    D. 力量训练可使快肌纤维 b 型明显转变为快肌纤维 a 型

    E. 耐力训练能引起毛细血管减少

18. 肌对冷热刺激的适应与反应,**错误**的是

    A. 短暂的冷刺激可使肌的兴奋性和收缩功能增强

    B. 短暂的热刺激可使肌的兴奋性和收缩功能增强

    C. 长时间的冷刺激不利于痉挛肌的松弛

    D. 长时间的温热刺激有利于痉挛肌的松弛

    E. 肌在不同温度条件下的兴奋性不同

19. 参与构成粗肌丝的是

    A. 肌动蛋白   B. 肌球蛋白   C. 原肌球蛋白

    D. 肌钙蛋白   E. 原肌球蛋白和肌钙蛋白

20. 哪种肌肉运动**不做功**

    A. 向心运动   B. 离心运动   C. 等长运动

    D. 等张运动   E. 减速运动

21. 肌收缩时张力明显增加,但**无关节运动**的是

    A. 等张运动   B. 等长运动   C. 等速运动

    D. 放松运动   E. 耐力运动

22. 决定爆发力的因素是
    A. 肌力与收缩速度
    B. 肌张力
    C. 运动强度
    D. 运动持续时间
    E. 时间和速度

【X 型题】

23. 影响肌力的因素包括
    A. 肌肉的生理横断面
    B. 肌肉的初长度
    C. 肌肉的募集
    D. 肌肉纤维走向与肌腱长轴的关系
    E. 杠杆效率

24. 力量运动使肌形态发生的变化
    A. 肌纤维变细
    B. 肌蛋白质合成增加
    C. 无氧酵解能力提高
    D. 线粒体数量相对增多
    E. 肌结缔组织增厚

25. 肌的物理特性
    A. 伸展性　　B. 弹性　　C. 黏滞性　　D. 兴奋性　　E. 收缩性

26. 肌肉的功能
    A. 产生运动　　B. 支撑骨　　C. 维持姿势　　D. 保护身体　　E. 产热的功能

27. 肌肉的慢性适应引起肌底物水平改变,其中肌的底物主要包括
    A. 糖原　　B. 三磷酸腺苷　　C. 磷酸肌酸　　D. 脂质　　E. 肌红蛋白

28. 肌肉的生理特性
    A. 伸展性　　B. 弹性　　C. 传导性　　D. 兴奋性　　E. 收缩性

29. 影响肌肉运动的理化因素包括
    A. 离子浓度　　B. 缺氧　　C. 酸中毒　　D. 药物与激素　　E. 温度

30. 肌力训练还可以使肌肉的哪种功能得到提高
    A. 对乳酸的耐受能力增强
    B. 肌肉对氧的利用能力增强
    C. 肌肉的反应时间缩短
    D. 恢复时间缩短
    E. 恢复时间延长

31. 反映肌的功能状态、影响运动能力和运动质量的重要因素
    A. 肌力　　B. 快速力量　　C. 肌耐力　　D. 肌张力　　E. 运动中枢调控

32. 快速力量
    A. 肌或肌群在一定速度下所能产生的最大力量
    B. 可以通过单一身体运动、多个身体运动或在有氧运动条件下的重复运动测得
    C. 由启动力量、爆发力量(爆发力)和制动力量组成
    D. 爆发力是指在最短的时间内发挥肌力量的能力,采用最大力量与达到最大力量的时间
       之比来评定
    E. 爆发力由肌张力和肌收缩速度两个因素决定,肌张力是关键,收缩速度是基础

33. 属于协同肌的是
    A. 副动肌　　B. 固定肌　　C. 中和肌　　D. 主动肌　　E. 拮抗肌

(三)简答题

    1. 简述肌肉的功能。
    2. 简述肌力的影响因素。

3. 什么叫多关节肌？举例说明多关节肌"主动不足"和"被动不足"。

4. 什么是肌的协同动作？姿势协同动作的三种运动模式是什么？

5. 肌力训练使肌肉的功能得到提高的机制是什么？

6. 什么是牵拉 - 缩短周期？牵拉 - 缩短周期的作用是什么？

7. 什么是超量恢复？为什么说超量恢复是肌力训练的生理学基础？

8. 简述肌电刺激增强肌力的机制。

9. 简述不同运动形式对骨骼肌形态功能的影响？

10. 简述长期运动训练对肌底物水平的影响。

四、参考答案

（一）名词解释

1. **肌力**：肌肉收缩时所表现出来的能力，以肌肉最大兴奋时所能负荷的重量来表示。肌力体现肌肉主动收缩或对抗阻力的能力，反映肌肉最大收缩水平。

2. **肌耐力**：又称力量耐力，是指肌肉在一定负荷条件下保持收缩或持续重复收缩的能力，反映肌肉持续工作的能力，体现肌肉对抗疲劳的水平。

3. **快速力量**：指肌肉或肌群在一定速度下所能产生的最大力量。可以通过单一身体运动、多个身体运动或在有氧运动条件下的重复运动测得。快速力量由启动力量、爆发力量（爆发力）和制动力量组成。

4. **爆发力**：是指在最短的时间内发挥肌肉力量的能力，采用最大力量与达到最大力量的时间之比来评定。爆发力由肌力和肌收缩速度两个因素决定，肌力是基础，收缩速度是爆发力关键。

5. **等长运动**：肌肉的张力或应力作用在附着点上，起止点无位移；此时肌肉的收缩力与阻力相等，肌肉长度保持不变，不引起关节运动，因此等长运动不产生运动动作，也不做功。

6. **向心运动**：也称向心收缩，是指肌肉收缩时，肌肉的长度缩短，两端附着点互相靠近。肌肉的向心运动作用促发主动的肌肉收缩。

7. **离心运动**：也称离心收缩，是指肌肉收缩时肌力低于阻力，使原先缩短的肌肉被动缓慢拉长，呈现延长收缩。肌肉离心运动的作用是促发拮抗肌的收缩，以稳定关节、控制肢体动作或肢体坠落的速度。

8. **多关节肌"主动不足"**：多关节肌作为原动肌工作时，其肌力充分作用于一个关节后，就不能再充分作用于其他关节，这种现象叫多关节肌"主动不足"（其实质是肌力不足）。

9. **多关节肌"被动不足"**：多关节肌作为对抗肌出现时，已在一个关节处被拉长后，在其他的关节处再不能被拉长的现象，叫多关节肌"被动不足"（其实质是肌肉伸展不足）。

10. **肌肉的协同作用**：任何一个动作都不是单一肌肉独立完成的，需要一组肌群的共同协作才能实现，这就是肌肉的协同作用。

（二）选择题

【A1 型题】

1. D　2. B　3. A　4. A　5. D　6. C　7. E　8. E　9. B　10. E　11. C　12. D　13. B　14. A　15. D　16. E　17. E　18. C　19. B　20. C　21. B　22. A

【X 型题】

23. ABCDE　24. BCE　25. ABC　26. ABCDE　27. ABCDE　28. CDE　29. ABCDE

30. ABCD　31. ABCD　32. ABCD　33. ABC

（三）简答题

1. 简述肌肉的功能。

肌肉的功能是运动、支撑骨骼、维持姿势、保护身体和产热。

2. 简述肌力的影响因素。

肌力的影响因素包括肌的生理横截面、肌的初长度、肌的募集、肌纤维的走向与肌腱长轴的关系和杠杆效率。

3. 什么叫多关节肌？举例说明多关节肌"主动不足"和"被动不足"。

跨过两个或两个以上关节的肌肉叫做多关节肌。

多关节肌"主动不足"：多关节肌作为原动肌工作时，其肌力充分作用于一个关节后，就不能再充分作用于其他关节，这种现象叫多关节肌"主动不足"（其实质是肌力不足）。如充分屈指后，再屈腕，则会感到屈指无力（原来握紧的物体有松脱感），这就是前臂屈肌肌群发生了多关节肌"主动不足"现象。

多关节肌"被动不足"：多关节肌作为对抗肌出现时，已在一个关节处被拉长后，在其他的关节处再不能被拉长的现象，叫多关节肌"被动不足"（其实质是肌肉伸展不足）。如伸膝后再屈髋，即直腿前摆，腿摆得不高，这是由于股后肌群发生了多关节肌"被动不足"。

4. 什么是肌的协同动作？姿势协同动作的三种运动模式是什么？

多个肌群在一起工作所产生的合作性动作被称为协同动作。协同动作中肌肉的运动以固定的空间和时间关系模式进行。正常的协调性运动就是将多种不同的协同动作组织和编排在一起的结果。姿势协同动作通过下肢和躯干肌以固定的组合、固定的时间顺序和强度进行收缩的运动模式，从而达到保持站立平衡的目的。

姿势协同动作通过三种运动模式对付外力或支持面的变化以维持站立平衡，即踝关节协同动作模式、髋关节协同动作模式以及跨步动作模式。踝关节协同动作指身体重心以踝关节为轴心，进行前后转动或摆动，类似钟摆运动。髋关节动作模式是通过髋关节屈伸来调整身体重心和保持平衡。跨步动作模式是通过向作用力方向快速跨步来重新建立重心的支撑点或站立支持面以建立新的平衡。当身体重心达到稳定极限时，上肢、头和躯干运动以建立反应性平衡，以防止跌倒或失去平衡。

5. 肌力训练使肌肉的功能得到提高的机制是什么？

肌力训练使肌肉的功能得到提高的机制：①肌肉相关功能蛋白的合成增加，糖酵解功能增强，对乳酸的耐受能力增强。②肌肉毛细血管和线粒体的数量增加，肌肉对氧的利用能力增强，ATP 生成和利用能力也显著增强。③肌肉的反应时缩短，弹性改善，力量与耐力增强。④肌肉自我调节能力增强，恢复时间缩短。

6. 什么是牵拉－缩短周期？牵拉－缩短周期的作用是什么？

即肌肉先做离心运动，紧接着做向心运动，离心和向心运动的结合构成肌功能的一个自然类型，我们称其为牵拉-缩短周期。

肌肉以牵拉-缩短周期运动为主的自然运动，包含主要由离心运动引起的高强度的力的调节性释放。这种高强度的力有利于肌-腱复合体中弹性应变能量的贮存。在随后的缩短阶段，这种贮存能量的一部分能被重新获得，并被用于提高运动效能。

牵拉-缩短周期的作用是使离心运动后的向心运动比单纯的向心运动更为有力。大量的科学研究表明，肌肉在缩短（向心运动）前先主动伸长（离心运动），可增加弹性势能，使肌肉做功增加,这是牵拉 - 缩短周期中力量和爆发力弹性势能增强的机制。

7. 什么是超量恢复?为什么说超量恢复是肌力训练的生理学基础?

运动和运动后肌肉经历了一个疲劳和消除疲劳的过程。肌肉疲劳时,其收缩力量、速度力量和耐力都会明显下降,同时肌肉内能源物质、收缩蛋白和酶蛋白都有所消耗。在休息过程中,这些物质消耗得到补充,生理功能也逐渐得到恢复。在恢复到运动前的水平后,会出现一个超量恢复阶段,即肌肉各项生理指标继续上升并超过运动前的水平,以后逐步下降到运动前的水平,这即是肌肉的超量恢复。如在下一次肌力训练时,是在前一次肌力训练的超量恢复阶段内进行,那肌肉的形态和功能就会以该超量恢复阶段的生理功能水平为起点,进行运动周期循环,使肌肉的形态和功能得到逐步发展。因此,超量恢复是肌力训练的生理学基础。

8. 简述肌电刺激增强肌力的机制。

肌电刺激后肌肉的收缩性能增强,呈现显著的力量增益,肌电刺激作用主要原理如下:

(1)肌肉对电刺激的适应性反应:肌肉电刺激对肌收缩力的影响受神经因素影响,遵循负荷大小原则,依此原则肌肉产生与之适应的兴奋激发与力量变化,并随负荷的增大,产生更大的适应性反应。

(2)激发运动神经元,动员运动单位:肌肉电刺激不是直接兴奋肌肉,而是刺激电流沿着肌内较易兴奋的神经末梢传导。肌电刺激对外周神经的激发与运动神经元的电兴奋阈值有关,阈值低则兴奋性高。通过激发较大运动神经元,动员更多的运动单位,使肌纤维产生与之适应的反应,肌肉的收缩性能增强。

(3)增加氧化酶和糖原合成酶,提高肌耐力:长时间、低频率的肌肉电刺激能够引起低等哺乳动物快肌纤维氧化酶和糖原合成酶的显著增加,使快肌纤维的退化和萎缩,并向慢肌纤维的转变;而对慢肌纤维的影响主要表现为线粒体含量增加。这有利于提高肌肉耐力,增强运动个体抗疲劳的能力。

9. 简述不同运动形式对骨骼肌形态功能的影响?

不同运动形式对骨骼肌形态功能的影响

运动形式	主要形态变化	肌功能变化
力量运动(抗重阻力)	肌纤维增粗(Ⅱ型肌纤维)	肌力增强、爆发力增加
	肌蛋白质合成增加	
	无氧酵解能力提高	
	线粒体相对减少	
	肌结缔组织增厚	
耐力运动	肌纤维稍增粗	肌耐力增加,抗疲劳增强
	肌红蛋白增加	
	线粒体体积增大、含量增加	
	肌中脂肪减少	
	ATP 酶活性增加	
	毛细血管网增多	

10. 简述长期运动训练对肌底物水平的影响。

长期运动训练使肌底物产生适应性改变,其影响主要包括:

(1)糖原:耐力训练引起的肌的适应性改变使肌静息糖原含量增加。

(2)三磷酸腺苷和磷酸肌酸:多回合的力量练习可使三磷酸腺苷和磷酸肌酸储备降低,这种急性的代谢反应为增加高能磷酸化合物储备能力提供适应性刺激,长期的适应结果则表现为肌静息磷酸盐水平提高。

(3)脂质:肌肉脂质的含量无显著不同,即对运动刺激呈惰性表现。

(4)肌红蛋白:肌中肌红蛋白对氧的运输起着重要的作用。尽管慢肌纤维通常比快肌纤维含有更多的肌红蛋白,但耐力训练不能促进人体肌中肌红蛋白含量的增加。力量训练后肌纤维体积虽然增大,但肌中肌红蛋白含量却相应降低,以适应氧化酶含量降低的肌环境。

(马 萍)

第四节 生物力学基本原理

一、学习目标

1. **掌握** 力与载荷,应力与应变,力 - 位移曲线和应力 - 应变曲线,强度与刚度,弹性模量,应力松弛与蠕变,牛顿第一定律、牛顿第二定律、牛顿第三定律及其在康复治疗中的运用。

2. **熟悉** 运动生物力学分析中的模型、参考系、坐标系和自由体受力图。

3. **了解** 运动生物力学在康复医学中的运用和发展。

二、重点和难点内容

重点

(一)生物力学基础知识

1. 力与载荷

2. 应力与应变

3. 力 - 位移曲线和应力 - 应变曲线

4. 强度与刚度

5. 弹性模量

6. 应力松弛与蠕变

(二)运动生物力学原理

1. 牛顿第一运动定律及其康复治疗的应用

2. 牛顿第二运动定律及其康复治疗的应用

3. 牛顿第三运动定律及其康复治疗的应用

(三)运动生物力学分析

1. 模型

2. 参考系

3. 坐标系

4. 自由体受力图

难点

1. 应力与应变
2. 力 - 位移曲线和应力 - 应变曲线
3. 弹性模量
4. 牛顿运动定律在康复治疗中的应用
5. 自由体受力图

三、习题

（一）名词解释

1. 力
2. 载荷
3. 弹性模量
4. 蠕变

（二）填空题

1. 用来描述使物体产生运动或变形所施加的力称为_____。

2. 应力会随着外力的增加而_____。

3. 对物体做周期性的加载和卸载，当加载时的应力 - 应变曲线同卸载时的应力 - 应变曲线不重合时，这种现象称为_____。

（三）选择题

【A1 型题】

1. 呼吸系统中的动力学问题属于
    A. 生物流体力学
    B. 生物固体力学
    C. 生物材料力学
    D. 运动生物力学
    E. 生物运动力学

2. 应变
    A. 结构内某一点受载时所发生的变形
    B. 结构内某一平面对外部负荷的反应
    C. 人体承受负荷时抵抗破坏的能力
    D. 人体在受载时抵制变形的能力
    E. 人体内部各组织器官间相互作用的力

3. 弹性模量
    A. 应力和应变的比值
    B. 材料在弹性变形阶段，应力和应变的比值
    C. 材料变形时应力和应变的比值
    D. 材料受载荷时抵抗其变形的能力
    E. 材料受载荷时抵抗破坏的能力

4. 研究人体整体位移时，一般采用的分析模型为
    A. 刚体
    B. 连续介质
    C. 质点
    D. 多刚体
    E. 介质

5. 关于自由体受力图描述正确的是
    A. 构建自由体受力图的第一步是识别和分离正在讨论的自由体
    B. 几个共线的力不能相加成为一个合力

C. 无需确定 X-Y 轴坐标系统

D. 非平行、共面力矢量不适合画自由体受力图

E. 自由体运动到某些方向上的受限

6. 步态周期中的屈膝和伸髋运动状态的参数描记采用

A. 一维坐标系   B. 二维坐标系   C. 三维坐标系

D. 三维和一维均可   E. 一维和二维均可

7. 训练偏瘫病人从仰卧位到侧卧位翻身的体位转换是

A. 利用肢体摆动的惯性作用

B. 保持动作的连贯性

C. 保持动作的连续性

D. 利用了前一个动作所获的速度

E. 惯性作用、动作连贯性和前一个动作给予的速度共同作用的结果

【A2 型题】

8. 王某在沙滩上奔跑比在水泥路面奔跑的速度慢,可以用以解释的运动生物力学原理是

A. 惯性定律   B. 牛顿第二定律   C. 牛顿第三定律

D. 动量守恒定律   E. 能量守恒定律

【B 型题】

(9 ~ 10 题共用备选答案)

A. 三维六自由度

B. 三维三自由度

C. 二维六自由度

D. 三维四自由度

E. 二维四自由度

9. 脊柱的运动形式

10. 盂肱关节的运动形式

(四)简答题

1. 何谓牛顿第一运动定律? 举例说明牛顿第一运动定律在康复治疗中的应用。

2. 简述应力与应变的区别。

四、参考答案

(一)名词解释

1. **力**:是一个物体对另一个物体的作用,是使物体运动状态发生改变的原因。组织或器官在正常状态下同时受多个力的作用,常用 F 表示力。

2. **载荷**:是用来描述使物体产生运动或变形所施加的力。在研究生物力学时,载荷被广泛用于描述拉伸、压缩、扭转和剪切变形的力。

3. **弹性模量**:指材料抵抗弹性变形的能力,反应材料内部原子间结合力的大小。其计算方法是应力 - 应变曲线上直线段的斜率。

4. **蠕变**:应力保持一定,物体的应变随时间的增加而增大,这种现象称为蠕变。

(二)填空题

1. 载荷

2. 增大

3. 滞后

（三）选择题

【A1 型题】

1. A 2. A 3. B 4. C 5. A 6. C 7. E

【A2 型题】

8. C

【B 型题】

9. A 10. B

（四）简答题

1. 何谓牛顿第一运动定律？举例说明牛顿第一运动定律在康复治疗中的应用。

自然界中的物体，如果不受外力作用（F=0）或所受外力作用之和等于零，则物体保持其原来的静止或匀速直线运动状态不变，这就是牛顿第一运动定律。可以运用牛顿第一运动定律进行偏瘫病人的自主翻身设计。如病人从仰卧位到侧卧位，可以利用健侧肢体的惯性作用完成体位转换。

2. 简述应力与应变的区别。

物体由于外因（受力、湿度、温度场变化等）而变形时，在物体内各部分之间产生相互作用的内力，以抵抗这种外因的作用，并力图使物体从变形后的位置回复到变形前的位置。应力会随着外力的增加而增大。物体受力产生变形时，体内各点处变形程度一般不同。描述某一点变形程度的力学量称之为该点的应变，即结构内某一点受载时所发生的变形，称为应变。应变是由载荷、温度、湿度等因素引起的物体局部的相对形变。应变的物理意义是样品受外力作用后产生变形的能力。

（许　涛）

第五节　运动生理及生物化学基础

一、学习目标

1. **掌握**　心肺功能对运动产生反应和适应，运动对物质代谢和能量代谢产生的影响，运动处方的制定与应用。

2. **熟悉**　有氧运动基本概念、特点与作用，评价运动强度的相关指标。

3. **了解**　有氧运动和无氧运动的生理基础及训练。

二、重点和难点内容

重点

（一）运动对心血管系统的影响

1. 运动对心脏功能和形态的影响

2. 运动对血管功能的影响

3. 耐力运动和抗阻运动对血压的影响

（二）运动对呼吸系统的影响

1. 运动对肺功能的影响
2. 运动对呼吸调节的影响
3. 肺通气的适应性变化
4. 呼吸肌的耐力变化

（三）运动对物质代谢与能量代谢的影响

1. 运动对糖、脂肪、蛋白质代谢的影响
2. 运动对糖酵解和有氧代谢系统的影响
3. 不同类型运动物质代谢和能量代谢的特点
4. 能量代谢测定

（四）有氧运动和无氧运动

1. 有氧运动的生理基础
2. 有氧运动的特点与作用
3. 有氧运动的处方及应用
4. 无氧运动的生理基础
5. 无氧运动训练

难点

1. 耐力运动和抗阻运动对血压的影响
2. 运动对呼吸调节的影响
3. 无氧运动的生理基础

三、习题

（一）名词解释

1. 最大心率
2. THR
3. 心率储备
4. 心力储备
5. 呼吸当量
6. 乳酸阈
7. 最大摄氧量
8. 最大摄氧量百分比
9. MET
10. 有氧运动能力
11. 有氧运动
12. 氧亏

（二）选择题

【A1 型题】

1. 剧烈运动时,心输出量成倍增长,健康成年人最大心输出量可达

    A. 5 ~ 10L   B. 10 ~ 15L   C. 15 ~ 20L

    D. 25 ~ 30L   E. 30 ~ 35L

2. 运动时保持心输出量增加的最高心率是

    A. 120 ~ 140 次 /min   B. 140 ~ 160 次 /min   C. 160 ~ 180 次 /min

    D. 180 ~ 200 次 /min   E. 200 ~ 220 次 /min

3. 心脏对运动的反应,除外

    A. 心率增快   B. 心输出量增加   C. 搏出量增加

    D. 左心室收缩末容积增加   E. 射血分数增大

4. 心脏对运动的适应,除外

    A. 心率减慢   B. 搏出量增加   C. 左心室心腔扩大

    D. 左心室心肌肥厚   E. 心肌细胞数量增多

5. 冠心病病人长期运动训练后,引起血管最显著的变化是

    A. 大动脉弹性和顺应性增加   B. 小动脉舒张

    C. 毛细血管数量增多   D. 静脉顺应性降低

    E. 心脏缺血区毛细血管侧支循环形成

6. 有氧运动最主要目的是

    A. 增强肌力   B. 增加关节活动度   C. 增加心肺功能

    D. 增加抗阻能力   E. 增加柔韧性

7. 心脏病病人及老年人适宜的运动强度是

    A. 10% ~ 20% VO_{2max} B. 40% ~ 50% VO_{2max} C. 50% ~ 85% VO_{2max}

    D. 60% ~ 85% VO_{2max} E. 70% ~ 95% VO_{2max}

8. 65 岁健康老年人进行有氧运动,其靶心率范围是

    A. 40 ~ 65 次 /min   B. 75 ~ 95 次 /min   C. 85 ~ 115 次 /min

    D. 70 ~ 120 次 /min   E. 80 ~ 130 次 /min

9. 乳酸耐受训练时,血乳酸应控制在什么范围较适宜

    A. 1 ~ 4mmol/L   B. 4 ~ 8mmol/L   C. 5 ~ 10mmol/L

    D. 12 ~ 20mmol/L   E. >20mmol/L

10. 健康成年人有氧训练时,适宜的 RPE 和心率是

    A. RPE 9,HR 90 次 /min   B. RPE 10 ~ 11,HR 110 次 /min

    C. RPE 12 ~ 13,HR 130 次 /min   D. RPE 15 ~ 16,HR 150 次 /min

    E. RPE 17 ~ 18,HR 170 次 /min

11. 反映无氧运动能力的指标是

    A. VO_{2max} B. HR_{max} C. 乳酸阈

    D. MET   E. 最大累积氧亏

12. 轻度高血压病人适宜的运动项目

    A. 马拉松   B. 举重   C. 引体向上   D. 游泳   E. 俯卧撑

13. 中等强度运动时,肺通气量增加,导致

    A. 血液中 PO_2 升高   B. 血液中 PCO_2 升高

    C. 血液中 H^+ 浓度不变   D. 血液中 H^+ 浓度升高

    E. 血液中 PCO_2 降低

14. 健康成年人运动时的靶心率应达到

    A. 40% ~ 60% HR_{max} B. 50% ~ 60% HR_{max} C. 60% ~ 70% HR_{max}

D. 60% ~ 85% HR$_{max}$ E. 70% ~ 80% HR$_{max}$

15. 老年人或动脉粥样硬化病人运动时收缩压明显升高的原因是

  A. 心率增快   B. 大动脉弹性降低   C. 静脉弹性降低

  D. 小动脉弹性降低   E. 心脏输出量增加

16. 30min 中等强度运动,骨骼肌摄取血糖是运动前的

  A. 2 ~ 3 倍   B. 3 ~ 5 倍   C. 5 ~ 10 倍

  D. 7 ~ 10 倍   E. 7 ~ 20 倍

17. 糖尿病病人推荐的有氧运动方式是

  A. 低强度、长时间运动   B. 低强度、短时间运动

  C. 中等强度、短时间运动   D. 中等强度、长时间运动

  E. 高强度、短时间运动

18. 运动时组织细胞直接利用的能量物质是

  A. ATP   B. 葡萄糖   C. 脂肪

  D. 蛋白质   E. 乳酸

19. 我国正常成年男子最大摄氧量约为

  A. 2.0 ~ 2.5L/min   B. 2.5 ~ 3.0L/min   C. 3.0 ~ 3.5L/min

  D. 3.5 ~ 4.0L/min   E. 2.5 ~ 5.0L/min

20. 适宜有氧运动强度是

  A. 1 ~ 5METs   B. 2 ~ 7METs   C. 5 ~ 10METs

  D. 3 ~ 5METs   E. 3 ~ 8METs

【X 型题】

21. 运动时心率增快的原因是

  A. 交感神经兴奋   B. 肾上腺素释放增加

  C. 血中内皮素 -1 升高   D. 血管紧张素释放增加

  E. 迷走神经兴奋

22. 剧烈运动时血压的变化是

  A. 收缩压升高   B. 舒张压升高   C. 收缩压不变

  D. 舒张压不变   E. 舒张压降低

23. 长期运动引起心脏形态发生怎样的重构

  A. 心脏扩大   B. 左心室内径增大   C. 左心室容积增加

  D. 左心室流出道不变   E. 心室壁和室间隔相应增厚

24. 长期运动训练引起血管适应性怎样的改变

  A. 大动脉的弹性增加   B. 静脉顺应性增加

  C. 运动组织中小动脉舒张   D. 运动组织中毛细血管开放增多

  E. 运动组织中新生毛细血管增多

25. 小强度运动时,呼吸系统的改变是

  A. 呼吸频率增加   B. 潮气量增加   C. 肺通气量增加

  D. 摄氧量增加   E. 呼吸当量增加

26. 中等强度运动时,肺换气的变化是

  A. 肺泡与肺静脉血之间 O$_2$ 交换增加   B. 通气的肺泡数量增多

C. 肺毛细血管开放数量增多　　　　　　　D. 呼吸膜表面积增大

E. 通气 / 血流比值 >0.84

27. 长期运动训练引起呼吸系统适应性变化是

A. 呼吸肌的肌力增强　　　　　　　　　　B. 呼吸肌的耐力增强

C. 安静状态下呼吸频率降低　　　　　　　D. 呼吸肌氧化酶活性增加

E. 减轻运动时呼吸肌疲劳

28. 属于有氧运动的项目是

A. 举重　　　　　　　B. 慢跑　　　　　　　C. 木兰拳

D. 游泳　　　　　　　E. 骑自行车

29. 运动处方的三要素是

A. 运动方式　　　　　B. 运动强度　　　　　C. 运动时间

D. 运动频率　　　　　E. 运动注意事项

30. 无氧运动训练的要点是

A. 采用高强度间歇性运动,剧烈运动 1min、休息 4min,重复 5 次

B. 也可采用小强度抗阻运动,每个练习在 10 ~ 30s 内重复 8 ~ 15 次

C. 小强度抗阻运动,每个练习之间休息放松 30 ~ 60s,2 ~ 3 个循环为一组

D. 无氧阈时,乳酸浓度在 4mmol/L 左右

E. 乳酸耐受训练时,血乳酸在 12mmol/L 左右

(三)简答题

1. 经常运动者和不运动者进行剧烈运动时,两者心肺功能变化有何不同?

2. 长期运动训练对冠状动脉产生哪些有益影响?

3. 简述有氧运动的特点与作用。

4. 简述有氧运动处方在健身以及疾病的预防、治疗和康复等方面的应用。

四、参考答案

(一)名词解释

1. **最大心率**:剧烈运动(极量运动)时,心率增加所能达到的极限值。

2. **THR**:靶心率(target heart rate)是指在运动中应达到和保持的心率,有氧运动时,适宜的靶心率应为 60% ~ 85% 的最大心率。

3. **心率储备**:安静时心率与运动时最大心率之间的差值。

4. **心力储备**:是安静时的心输出量与最大运动时心输出量的差值。

5. **呼吸当量**:每分通气量与摄氧量的比值,安静时的呼吸当量为 24。

6. **乳酸阈**:血液中乳酸浓度随运动负荷的递增而增加,当运动强度达到某一负荷时,血乳酸出现急剧增加,这个拐点的乳酸值称为乳酸阈。

7. **最大摄氧量**:当心肺功能达到极限水平时,单位时间内所能摄取的氧量。

8. **最大摄氧量百分比**:机体耗氧量与最大摄氧量的百分比。

9. **MET**:即代谢当量,指单位时间、单位体重的耗氧量,1MET=3.5ml/(kg·min)。

10. **有氧运动能力**:在有氧条件下,人体持续进行体力活动或运动的能力。

11. **有氧运动**:是指在氧气供应充足情况下,运动所需的能量来自有氧代谢。

12. **氧亏**:当摄氧量满足不了需氧量时,就会造成组织缺氧,这种状态称为氧亏。

（二）选择题

【A1 型题】

1. D 2. C 3. D 4. E 5. E 6. C 7. B 8. A 9. D 10. C 11. E 12. D 13. C 14. D 15. B 16. E 17. D 18. A 19. C 20. B

【X 型题】

21. ABCD 22. ADE 23. ABCE 24. ACDE 25. ABCD 26. ABCD 27. ABCDE 28. BCDE 29. BCD 30. ABCDE

（三）简答题

1. 经常运动者和不运动者进行剧烈运动时,两者心肺功能变化有何不同?

（1）两者进行剧烈运动时都会出现心肺功能增强,但增加的机制不同。运动时两者均出现心输出量增加,经常运动者主要通过增加心搏出量实现的,而不运动者主要依靠增加心率实现的。

（2）经常运动者基础心率较不运动者低,且有较大的心率储备,进行剧烈运动时期心率增加小于不运动者,心肌耗氧量小于不运动者。

（3）经常运动者大动脉弹性增加,对血压升高有较好的缓冲作用,所以剧烈运动时收缩压升高幅度小于不运动者。

（4）经常运动者心肌毛细血管数量增多,毛细血管开放数量也增多,运动时心肌血液供应较不运动者充足,不容易引起疲劳感。

（5）经常运动者呼吸肌的肌力和耐力较不运动者增强,剧烈运动时肺通气、肺换气和组织换气较不运动者增强,因此运动中呼吸困难的发生较不运动者少,血液中乳酸浓度不明显。

（6）经常运动者心肺功能优于不运动者,剧烈运动时较轻松完成,其运动能力优于不运动者。

2. 长期运动训练对冠状动脉产生哪些有益影响?

冠状动脉是供应心肌的血管,长期运动训练对冠状动脉产生的影响包括:①提高冠脉血管的扩张能力,增加冠脉血流灌注。②增加心肌毛细血管数量和毛细血管开放数量,增加冠状血流容量、降低冠状血管阻力。③增加冠状动脉侧支循环形成,冠心病病人进行长期运动训练后,狭窄部位的冠脉侧支血管生成较其他部位更明显。

3. 简述有氧运动的特点与作用。

（1）特点:①以中、小运动强度为主。②运动时间和距离长。③全身大肌群参加的动力性活动。④周期性、节律性运动。

（2）作用:主要包括提高机体心肺功能,调节代谢,改善和提高机体氧化代谢能力。这也是有氧运动训练或心肺功能训练主要目的。

4. 简述有氧运动处方在健身以及疾病的预防、治疗和康复等方面的应用。

有氧运动处方在健身以及疾病的预防、治疗和康复等方面的应用包括:

（1）健身:可为不同年龄、性别,不同身体健康状况,不同体能水平的人提供科学的健身指导。

（2）预防:由于耐力运动可以减少运动不足等不良的生活方式对机体不利影响,对某些慢性疾病,如冠心病、高血压、高血脂、糖尿病、肥胖症等起预防作用。

（3）治疗:指导糖尿病和肥胖症病人进行科学的治疗性运动,与饮食控制和药物共同发挥治疗作用。

（4）康复：主要用于心肺疾病，如冠心病、高血压和慢性阻塞性肺疾患等的康复指导，提高这些病人心肺功能和有氧代谢能力。对长期制动或卧床致全身耐力下降的病人，耐力运动可促进全身耐力的恢复，发挥康复预防和治疗作用。

（潘燕霞）

第二章
上肢

第一节　肩关节复合体

一、学习目标

1. **掌握**　肩关节复合体的组成和骨、关节运动学特征,特别是肩肱节律和胸锁关节与肩锁关节在外展过程中的联动机制,掌握引发各关节运动的协同肌群,即力偶。

2. **熟悉**　肩部各关节的功能解剖基础,肩关节周围的肌肉起止点以及所支配的神经。

3. **了解**　肩关节复合体的静态稳定结构和动态稳定结构异常在肩关节复合体运动功能障碍中起到的作用。

二、重点和难点内容

重点

(一)肩关节周围解剖学

1. 骨(胸骨、锁骨、肩胛骨、肱骨)

2. 韧带(盂肱韧带、喙锁韧带、胸锁韧带、锁骨间韧带、肋锁韧带)

3. 关节(胸锁关节、肩锁关节、肩胛胸壁关节、盂肱关节、肩峰下关节、喙突锁骨间关节)

4. 肌肉(肩袖肌群、肱二头肌、斜方肌、背阔肌、前锯肌、胸大肌、胸小肌、肩胛提肌、三角肌等)

(二)肩关节复合体运动学特征

1. 肩关节复合体各关节的骨运动学　自由度、运动方向及活动范围。

2. 肩关节复合体的综合运动学特征　肩肱节律、肩锁与胸锁关节的联动机制等。

3. 肩关节复合体各关节的关节运动学特征。

难点

1. 肩部与上臂神经分布(臂丛神经、腋神经、桡神经等)。

2. 外展的综合运动学特征　肩肱节律、肩锁与胸锁关节的联动。

3. 肩关节周围肌肉的相互作用(引发各关节运动的肌群:上抬与下沉肌群、前伸与后缩肌群、上旋与下旋肌群、内旋与外旋肌群以及肩袖在上抬手臂中的功能)。

三、习题

(一)名词解释

1. 关节运动学

2. 凸凹原则

3. 旋转

4. 骨运动学

5. 肩关节

6. 肩胛胸壁关节

7. 肩肱节律

(二) 选择题

【A1 型题】

1. 发生在关节面间的三种基本的运动是哪一项？这些运动是凸面在凹面上的运动,反之亦然。即描述为凸面 - 凹面的运动,反之则为凹面 - 凸面的运动
   A. 滚动,滑动,外展　　　　　　　B. 滚动,滑动,平移　　　　　　　C. 滑动,平移,旋转
   D. 滚动,滑动,旋转　　　　　　　E. 滑动,旋转,平移

2. 肩关节外展时,近端关节面为凹面的肩胛盂相对固定,关节面为凸面的肱骨头向哪个方向滚动的同时,向哪个方向滑动
   A. 向上,向下　　　　　　　　　　B. 向下,向上　　　　　　　　　　C. 向上,向上
   D. 向下,向下　　　　　　　　　　E. 上述均不正确

3. 锁骨的形状呈内侧凸、外侧凹的曲线形。当上肢处于解剖位时,锁骨的长轴稍高于水平面,并位于冠状面后多少度
   A. 30°　　　　B. 20°　　　　C. 40°　　　　D. 10°　　　　E. 50°

4. 肩胛胸壁关节(即肩胸关节)是一个生理上的关节而不是解剖上的关节,其运动是由哪两个关节的运动产生的,使得肩胛骨在胸廓的后外侧活动
   A. 胸锁和盂肱　　　　　　　　　　B. 胸锁和肩胛骨　　　　　　　　　C. 胸锁和肩锁
   D. 盂肱和肩锁　　　　　　　　　　E. 肩锁和肩胛骨

5. 肩胛胸壁关节的运动主要是使哪个关节上抬和下沉、前伸和后缩以及上旋和下旋
   A. 肩胛骨　　　B. 肱骨　　　C. 锁骨　　　D. 胸骨　　　E. 上述均有

6. 锁骨上抬最大活动范围约多少,下沉最大活动范围约多少,而锁骨的上抬与下沉和肩胛骨的运动有关
   A. 25° 和 10°　　　　　　　　　　B. 45° 和 25°　　　　　　　　　　C. 10° 和 45°
   D. 45° 和 10°　　　　　　　　　　E. 25° 和 45°

7. 锁骨前伸后缩时,锁骨哪一面的关节面在胸骨哪一面的关节面上作向后的滚动和滑动,并且方向一致
   A. 凸出和凹面　　　　　　　　　　B. 凹面和凸出　　　　　　　　　　C. 上面和下面
   D. 下面和上面　　　　　　　　　　E. 下面和凸面

8. 锁骨上抬和下沉的关节运动学发生在胸锁关节的纵向直径。锁骨的上抬发生在锁骨头的凸面,即凸 - 凹运动,它向哪个方向滚动,同时沿着胸骨的凹陷面向哪个方向滑动
   A. 向下和向上　　　　　　　　　　B. 向前和向后　　　　　　　　　　C. 向上和向下
   D. 向后和向前　　　　　　　　　　E. 向上和向前

9. 当肩关节外展或屈曲时,锁骨上抬,喙锁韧带紧张,导致锁骨大约向哪个方向旋转40° ~ 50°,而当手臂放回身体两侧时,锁骨回旋至中立位,这与锁骨曲柄样形状有关
   A. 向后　　　B. 向前　　　C. 向上　　　D. 向下　　　E. 上述均有影响

10. 肩袖肌群由冈上肌、冈下肌和哪两部分组成

    A. 肩胛下肌和大圆肌   B. 肩胛提肌和小圆肌   C. 肩胛下肌和小圆肌

    D. 肩胛下肌和前锯肌   E. 肩胛提肌和大圆肌

11. 在解剖位置,肱骨头后倾约多少度? 这个方向的运动是在肩胛骨平面的运动,因此它可以直接面向肩胛盂

    A. 10°   B. 20°   C. 30°   D. 50°   E. 40°

12. 肩胛骨完全进行哪个方向的运动是其锁定位(close-packed)状态

    A. 下旋   B. 前伸   C. 后缩   D. 上旋   E. 外展

13. 锁骨全部进行哪个方向的运动时,是胸锁关节的锁定位(close-packed)状态

    A. 前旋   B. 后旋   C. 上抬   D. 下沉   E. 旋内

14. 以下哪个关节重要的运动包括前屈和后伸,外展和内收,内旋和外旋

    A. 盂肱关节   B. 肩胸关节   C. 胸锁关节

    D. 肩锁关节   E. 第二肩关节

15. 正常的盂肱关节大约外展多少度,肩关节全范围的外展需要肩胛骨多少度的上旋;因为胸廓的阻挡,解剖位的内收为多少度,一般临床说的肩关节内收为肩关节前屈或后伸位时的内收角度

    A. 120°、40°、70°   B. 120°、60°、70°   C. 100°、60°、0°

    D. 120°、60°、0°   E. 120°、60°、60°

16. 肩关节的后伸主动运动可达多少度,被动运动可达多少度

    A. 65° 和 80°   B. 80° 和 65°   C. 50° 和 80°

    D. 65° 和 50°   E. 80° 和 50°

17. 肩关节最大内旋范围时,通常伴有肩胛骨的哪个方向运动,而最大外旋范围时通常伴有肩胛骨的哪个方向运动

    A. 后缩,前伸   B. 前伸,后缩   C. 前伸,后缩

    D. 上抬,下沉   E. 前伸,下沉

18. 上臂的外展与前屈活动由肩肱关节和肩胛胸壁关节共同完成,其中最初为多少度外展和多少度前屈是由肩肱关节单独完成

    A. 60° 和 30°   B. 30° 和 30°   C. 30° 和 60°

    D. 60° 和 60°   E. 0° 和 60°

19. 肩胛骨上旋 60° 是通过锁骨在胸锁关节处上抬多少度和肩胛骨在肩锁关节处上旋多少度来完成的

    A. 30° 和 30°   B. 15° 和 45°   C. 25° 和 35°

    D. 35° 和 25°   E. 45° 和 15°

20. 肩胛带的主要肌肉受臂丛神经分支支配,其中三角肌和小圆肌是受哪个神经支配

    A. 肩胛下神经   B. 肩胛上神经   C. 腋神经

    D. 胸背神经   E. 胸长神经

21. 胸锁关节接受从颈丛哪里发出的神经根支配;哪里的神经根以及肩胛上神经和腋神经支配肩锁关节和盂肱关节

    A. C_3 和 C_4,C_5 和 C_6 B. C_5 和 C_6,C_3 和 C_4 C. C_1 和 C_2,C_5 和 C_6

    D. C_3 和 C_4,C_6 和 C_7 E. C_4 和 C_5,C_6 和 C_7

22. 斜方肌受哪个神经和从上颈部发出的颈神经的前支所支配

A. 肩胛背神经　　　　　　　　B. 第 11 对脑神经　　　　　　　C. 胸长神经

D. 肩胛上神经　　　　　　　　E. 腋神经

23. 负责肩胛胸壁关节上抬的肌肉主要有斜方肌的哪里和肩胛提肌,另外哪部分肌肉对上抬有一定作用

A. 下部肌束,菱形肌　　　　　B. 上部肌束,前锯肌　　　　　C. 上部肌束,菱形肌

D. 下部肌束,前锯肌　　　　　E. 下部肌束,胸小肌

24. 下沉肩胛胸壁关节的肌肉有:斜方肌的下部肌束、背阔肌和哪里

A. 锁骨下肌,胸小肌　　　　　　　　　　B. 锁骨下肌,胸大肌

C. 胸锁乳突肌,胸小肌　　　　　　　　　D. 菱形肌,胸小肌

E. 胸大肌,菱形肌

25. 哪里是使肩胛胸壁关节前伸的原动肌? 这个宽阔的肌肉对肩胛骨的前伸起杠杆作用,特别是引起胸锁关节的轴向旋转

A. 胸大肌　　　　　　　　　　B. 后锯肌　　　　　　　　　　C. 前锯肌

D. 胸小肌　　　　　　　　　　E. 胸锁乳突肌

26. 斜方肌的哪部分对于肩胛骨的后缩有最佳的力线,菱形肌和斜方肌的哪部分是肩胛骨后缩的辅助肌肉,这些肌肉收缩能保持肩胛骨向中轴骨靠拢

A. 上部肌束,下部肌束　　　　　　　　　B. 中部肌束,下部肌束

C. 下部肌束,下部肌束　　　　　　　　　D. 中部肌束,中部肌束

E. 上部肌束,中部肌束

27. 游泳向后划水时,既是内旋肌,同时也是后伸肌和内收肌的肌肉是

A. 肩胛下肌　　B. 胸大肌　　C. 背阔肌　　D. 小圆肌　　E. 都是

28. 盂肱关节的主要外旋转肌群包括冈下肌以及哪里的后肌束。冈上肌能够协助盂肱关节在中立位和全范围外旋转间的运动

A. 小圆肌和三角肌　　　　　　B. 大圆肌和三角肌　　　　　　C. 冈上肌和三角肌

D. 小圆肌和斜方肌　　　　　　E. 大圆肌和斜方肌

29. 抓住绳子向上爬和游泳向后划水需要肩关节哪里进行有力地收缩,这些肌肉能够产生强大的等长收缩力矩

A. 内收肌和前伸肌　　　　　　B. 内旋肌和后伸肌　　　　　　C. 内收肌和后伸肌

D. 外展肌和后伸肌　　　　　　E. 外展肌和前屈肌

30. 如肱骨维持相对固定,哪里的收缩能够上提骨盆,截瘫病人在从拐杖或支具上转移时经常运用这个动作

A. 斜方肌　　B. 前锯肌　　C. 肩胛提肌　　D. 背阔肌　　E. 肩胛下肌

【A2 型题】

31. 病人,女,58 岁,无外伤史,肩部剧烈疼痛,肌痉挛,关节运动障碍明显,活动范围受限,夜间疼痛加重影响睡眠,压痛广泛,三角肌、冈上肌、冈下肌萎缩。根据病人症状,最可能的诊断是

A. 冻结肩　　　　　　　　　　B. 肩峰下滑囊炎　　　　　　　C. 肱二头肌长头腱炎

D. 肩关节脱位　　　　　　　　E. 肩袖损伤

32. 病人,男,59 岁,有肱骨外科颈骨折史,患侧肩关节外展功能较正常侧减退,肩部肌肉(三角肌明显)萎缩,该病人伴有什么神经的损伤

A. 桡神经　　　B. 胸长神经　　　C. 肌皮神经　　　D. 腋神经　　　E. 胸背神经

33. 病人，男，患侧上肢酸痛无力，上臂上举不能过头，让病人作上肢运动时，无肩胛骨的活动，再让其两手推墙支撑时，可见肩胛骨内侧缘翘起而发生翼状畸形，以下推断正确的是

A. 胸大肌瘫痪　　　　　B. 斜方肌瘫痪　　　　　C. 前锯肌瘫痪
D. 菱形肌损伤　　　　　E. 胸小肌损伤

【B 型题】

（34～35 题共用备选答案）

A. 冈上肌

B. 大圆肌

C. 小圆肌

D. 冈下肌

E. 三角肌中束

34. 肌肉止点附着于肱骨小结节嵴的是

35. 具有后伸和内旋肱骨功能的肌肉是

（36～37 题共用备选答案）

A. 肌皮神经

B. 桡神经

C. 正中神经

D. 腋神经

E. 胸长神经

36. 穿四边孔，长期腋下持拐杖易损伤哪一个神经

37. 哪个神经损伤会出现"翼状肩"

（三）简答题

1. 描述肩胛胸壁关节的运动方式。
2. 稳定胸锁关节的软组织有哪些？
3. 简述盂肱关节的骨运动学。
4. 简述胸锁关节的关节运动学。
5. 描述肩胛胸壁关节在肩关节活动过程中的运动方式。
6. 简述盂肱关节的滚动和滑动的关节运动学的重要性。
7. 描述在肩胛骨平面和冠状面上的外展运动的异同。
8. 描述肩关节完全外展时在胸锁关节和肩锁关节之间的运动方式。
9. 在肩胛胸壁关节的上旋和下旋中，哪些肌肉参与作用？

四、参考答案

（一）名词解释

1. **关节运动学**：描述的运动是发生在关节内的关节面间的运动。关节表面的形态变化范围从扁平到弯曲，特别是可动关节，大部分关节面都是弯曲的，一个相对的凸面和一个相对的凹面。关节凸凹面的结合提高了关节的吻合度，增大关节接触面能分散压力，增强关节稳定性，并能辅助引导骨之间的运动。

2. **凸凹原则**：滚动和滑动在凸凹面关节间的运动遵循一个基本原则，即凸凹原则。当凹

面相对固定时,凸起的关节面运动表现为滚动方向与滑动方向相反;当凸面相对固定时,凹面的关节面运动表现为滚动方向与滑动方向相同。

3. **旋转**:是指某骨的一点在与其构成的关节的另一骨上做围绕自身纵轴的环旋运动。

4. **骨运动学**:描述的运动是骨骼以关节为轴心,在矢状面、水平面和额状面三个主要平面上的运动。

5. **肩关节**:广义的肩关节由肩肱关节、第2肩关节、肩锁关节、喙突锁骨间机制、肩胛胸廓关节和胸锁关节6个关节所共同组成。

6. **肩胛胸壁关节**:即肩胸关节,是一个生理上的关节而不是解剖上的关节,其运动是由胸锁关节和肩锁关节的运动产生的,使得肩胛骨在胸廓的后外侧活动。肩胛骨为盂肱关节的运动提供了一个平面。肩关节的运动描述了盂肱关节和肩胛胸壁关节的联合运动。

7. **肩肱节律**:肩关节运动伴有肩胛骨旋转的节律性变化称之为肩肱节律。即肩部每活动15°,其中肩肱关节活动10°,肩胸关节活动5°。

(二)选择题

【A1型题】

1. D 2. A 3. B 4. C 5. A 6. D 7. B 8. C 9. A 10. C 11. C 12. D 13. B 14. A 15. D 16. A 17. C 18. C 19. C 20. C 21. A 22. B 23. C 24. A 25. C 26. B 27. C 28. A 29. C 30. D

【A2型题】

31. A 32. D 33. C

【B型题】

34. B 35. B 36. D 37. E

(三)简答题

1. 描述肩胛胸壁关节的运动方式。

(1)肩胛上抬:肩胛骨在胸壁表面向上滑动,就像耸肩。

(2)肩胛下沉:在肩胛骨抬高的位置,肩胛向下滑动。

(3)肩胛前伸:肩胛骨的内侧缘沿着胸廓向外前方向滑动。

(4)肩胛后缩:肩胛骨的内侧缘沿着胸廓向后内方向滑动,向两侧的肩胛骨靠拢。

(5)肩胛上旋:肩胛下角向外上方向旋转,肩胛盂面向上,这个运动发生在上肢向上伸展时。

(6)肩胛下旋:肩胛下角向内下方向旋转,肩胛盂面向下,这个运动发生在上肢向上伸展后放下的返回过程。

2. 稳定胸锁关节的软组织有哪些?

①前、后胸锁韧带;②锁骨间韧带;③关节盘;④肋锁韧带;⑤关节囊;⑥胸锁乳突肌、肩胛舌骨肌和胸骨甲状肌。

3. 简述盂肱关节的骨运动学。

锁骨的运动有3个自由度,每个自由度都和冠状面、矢状面和水平面三个基本平面有关。锁骨的上抬、下沉、前伸、后缩以及旋转都与锁骨的长轴有关。

4. 简述胸锁关节的关节运动学。

(1)锁骨上抬和下沉的关节运动学发生在胸锁关节的纵向直径。锁骨的上抬发生在锁骨头的凸面,即凸-凹运动,它向上滚动,同时沿着胸骨的凹陷面向下滑动。肋锁韧带能够稳定锁骨的位置,锁骨头的向下滚动和向上滑动产生锁骨的下沉运动。

（2）锁骨前伸后缩的关节运动学沿着胸锁关节的横径发生。锁骨关节的凹面对应胸骨的凸面运动,即凹-凸运动。后缩时,锁骨凹面的关节面在胸骨凸出的关节面上作向后的滚动和滑动,并且方向一致;后缩的活动末端拉长了肋锁韧带的前部纤维和前部囊韧带。

5. 描述肩胛胸壁关节在肩关节活动过程中的运动方式。

发生在肩胛骨和胸壁之间的运动是胸锁关节和肩锁关节共同运动的结果。

（1）上抬和下沉:肩胛胸壁关节的肩胛骨上抬是胸锁关节和肩锁关节旋转中的一个运动结果。在很多时候,肩关节耸肩运动的发生是肩胛骨随着锁骨上抬运动直接产生的结果。肩锁关节中肩胛骨的下旋运动允许肩胛骨保持其垂直位。肩胛骨上的附着肌肉能够保持肩胛骨沿着胸壁运动。肩胛胸壁关节中肩胛骨的下沉运动是上抬运动的反转回到原位。

（2）前伸和后缩:肩胛骨的前伸和后缩运动通过胸锁关节和肩锁关节在水平面运动的总和而产生。肩胛骨随着胸锁关节锁骨的前伸动作而运动。肩锁关节能够通过在水平面的调整来扩大和调整肩胛胸壁前伸运动的总量。肩胛胸壁关节的前伸运动增加了上肢前伸去摸物的动作。因为肩胛胸壁关节的前伸运动是胸锁关节和肩锁关节运动的总和,所以其中一个关节运动的减少可以被另一个关节运动的增加所代偿。

（3）上旋和下旋:肩胛胸壁关节的上旋是抬手过头动作中的一部分,在肱骨外展（如手臂上抬）时,肩胛盂支持和稳定肱骨头。肩胛骨完全的上旋是胸锁关节的锁骨上抬和肩锁关节的肩胛骨上旋的运动的总和。这些双重冠状面的旋转的发生平行于胸锁关节和肩锁关节的运动轴,肩胛骨总共可以有 60° 的向上旋转。肩胛骨在冠状面外展时可以呈绝对地向上运动,但是它经常随着自己的轨迹运动,即肩胛骨平面。

肩胛骨的下旋运动发生在手臂从上抬的位置返回身体侧方时,这个动作和上旋类似,特别是胸锁关节锁骨下沉和肩锁关节肩胛骨下旋时,当肩胛骨回到解剖位时下旋动作结束。

6. 简述盂肱关节的滚动和滑动的关节运动学的重要性。

滚动和滑动是盂肱关节外展全范围过程中的必要运动方式。肱骨头纵轴方向的关节软骨面相当于盂窝纵轴方向的关节软骨的两倍。盂肱关节外展的关节运动符合凸-凹运动原则,关节运动学提示滚动和滑动允许一个较大凸面在较小的凹面中运动而没有超出其范围。在肱骨外展过程中,如果没有明显的向下滑动,肱骨头向上滚动导致肱骨头和喙肩弓挤压或撞击,成人的肱骨头在外展 22° 之后向上滚动,继续外展肱骨头将通过约 10mm 宽的喙肩间隙。如果没有同时的向下滑动,这将导致肱骨头撞击冈上肌的肌腱和肩峰下滑囊或喙肩弓。这种撞击比较疼,同时也限制了进一步的外展。在健康的肩关节的影像学中测量,在肩胛骨平面外展过程中,肱骨头中心必须保持相对稳定或控制上滑几个毫米,以确保与喙肩弓之间的距离。因此,在健康人中,外展时肱骨头的同步下滑抵消了肱骨头过度向上滚动,导致喙肩弓间隙变窄,为冈上肌腱和肩峰下滑囊提供了足够的间隙。

7. 描述在肩胛骨平面和冠状面上的外展运动的异同。

肩关节在冠状面的外展经常作为典型的运动来评估肩关节的全部功能,但评估肱骨在肩胛骨平面的运动更具有功能性意义。在冠状面的外展和在肩胛骨平面的外展之间的功能不同。将有例子证明:当有意识地避免任何伴随的外旋转,在纯冠状面上试图最大限度地外展肩关节时,由于肱骨大结节压迫了肩峰下间隙中的结构,而撞击了喙肩弓的较低点,造成了外展的困难和不稳定性。为了在冠状面上全范围地外展,肱骨在外展的同时需要结合外旋转,这确保了大结节不会撞击到肩峰的后缘。

接下来在肩胛骨平面全范围外展上臂时,这个外展运动经常不需要外旋转肩关节就完成了。在肩胛骨平面外展避免了大结节撞击到喙肩弓。肩胛骨平面的外展允许肱骨头自然后倾,以直接吻合盂窝;冈上肌近端和远端的附着点成一条直线。当评估和治疗病人肩关节功能障碍或有慢性撞击综合征时,这些在冠状面和肩胛骨平面的不同力学机制需要考虑。

8. 描述肩关节完全外展时在胸锁关节和肩锁关节之间的运动方式。

肩关节完全外展180°,按照肩肱节律2∶1,盂肱关节外展120°,肩胛胸壁关节上旋60°,而肩胛骨上旋运动离不开胸锁关节和肩锁关节的联合运动。

肩胛骨上旋60°是通过锁骨在胸锁关节处上抬25°和肩胛骨在肩锁关节处的上旋35°来完成的;锁骨在上抬的同时,锁骨自身沿其长轴后旋20°~35°,伴锁骨后缩15°;肩胛骨自身发生20°的后倾和10°的向外自转,这有助于维持肩峰下的空间;在肩关节外展的同时,肱骨发生外旋25°~55°,避免肱骨大结节撞击肩峰。锁骨后旋转是因为肩胛骨在肩锁关节上旋,牵拉到喙锁韧带,引起曲柄形状的锁骨向后旋转。

9. 在肩胛胸壁关节的上旋和下旋中,哪些肌肉参与作用?

肩胛骨的上旋是手臂上抬过程中的一个必要运动形式。在上旋过程中前锯肌和上下束斜方肌的通力合作将获得不同的运动角度。这些肌肉使肩胛骨上旋,为运动的远端提供稳定的附着点,比如,三角肌和前锯肌。下旋肌主要包括菱形肌和胸小肌,下旋肌力较弱,通常是上旋后拮抗上旋肌,协助肩胛骨回到中立位或解剖位。

(冯 伟)

第二节 肘与前臂复合体

一、学习目标

1. **掌握** 肘关节及前臂复合体的组成和运动学特征,特别是上、下尺桡关节在前臂旋前和旋后运动中的联动机制。

2. **熟悉** 肘部各关节的功能解剖基础,以及肘关节与前臂周围的肌肉起止点及所支配的神经,肘关节屈伸和前臂旋前、旋后的功能弧度。

3. **了解** 骨间膜的结构与作用。

二、重点和难点内容

重点
(一)肘关节解剖学
1. 骨(肱骨远端、尺骨、桡骨)
2. 韧带(掌侧韧带、背侧韧带、内在骨间韧带、屈肌支持带)
3. 关节(肱桡关节、肱尺关节)
4. 肌肉(肱肌、肱二头肌、肱三头肌、肱桡肌、旋前圆肌、旋后肌、肘肌)
(二)肘关节运动学特征
1. 肘关节复合体各关节的骨运动学:自由度、运动方向及活动范围。
2. 肘关节复合体各关节的关节运动学特征:肱桡关节与肱尺关节的运动。

3. 肘关节周围肌肉的相互作用（屈曲与伸展）。

（三）前臂复合体

解剖学基础

（1）骨（桡骨、尺骨）

（2）韧带

（3）关节（上尺桡关节、下尺桡关节）

（4）肌肉（前臂的旋前肌群与旋后肌群、伸肌肌群与屈肌肌群）

难点

1. 肘部神经分布（尺神经、肌皮神经、正中神经、桡神经）

2. 上、下尺桡关节的骨运动学特征和联动机制，以及各自的关节运动学

3. 前臂的旋转运动范围与功能弧度

4. 前臂周围肌肉的相互作用（旋前与旋后）

三、习题

（一）名词解释

1. 提携角

2. 前臂旋转的中立位

3. 前臂旋转的功能弧度

4. 多关节肌

（二）选择题

【A1 型题】

1. 肘关节从生理学和运动学角度讲，它包括两种截然不同的功能：屈伸运动和前臂的
   A. 外展　　　　B. 内收　　　　C. 旋转运动　　　　D. 内翻　　　　E. 上回旋

2. 肱肌和肱三头肌内侧头的远端分别附着于肱骨中远端的哪个面
   A. 上下　　　　B. 远近　　　　C. 中间　　　　D. 前后　　　　E. 左右

3. 肱骨干远端内侧是滑车和内上髁，而外侧是肱骨小头和外上髁。滑车看起来像一个圆形的、没有绕上线的线轴，在它的两边的内外侧唇，内侧唇凸出和延伸比邻近的外侧唇
   A. 更高　　　　B. 更低　　　　C. 更上　　　　D. 居中　　　　E. 上述都不是

4. 当肘关节完全处于哪个位置时，桡骨与尺骨平行且位于其外侧
   A. 旋后　　　　B. 旋前　　　　C. 屈曲　　　　D. 伸展　　　　E. 上回旋

5. 肱二头肌粗隆是位于桡骨近端哪个边缘上的一个粗糙的区域，它是肱二头肌在桡骨上的肌肉附着点
   A. 前方　　　　B. 外侧　　　　C. 前外　　　　D. 前内　　　　E. 后外

6. 在肘关节完全伸展时，正常的提携角约为多少度？女性一般比男性多 2°
   A. 15°±6°　　　　B. 18°±6°　　　　C. 13°±6°　　　　D. 13°±2°　　　　E. 18°±2°

7. **不是**肘关节囊包绕着的关节是
   A. 肱尺关节　　　　　　　　B. 肱桡关节　　　　　　　　C. 下尺桡关节
   D. 上尺桡关节　　　　　　　E. 肘关节

8. 手腕撑地产生的力约有多少比例通过腕部传到前臂而作用于腕骨外侧和桡骨
   A. 80%　　　　B. 60%　　　　C. 40%　　　　D. 20%　　　　E. 10%

9. 骨间膜的主要纤维走向并不能拮抗作用于桡骨远侧的

    A. 压应力   B. 拉应力   C. 剪切力   D. 扭力   E. 旋转力

10. 前臂旋转的中立位是什么,即完全旋前和旋后的中间位置。平均而言,前臂旋前约为 75°,旋后约为 85°

    A. 向上   B. 向外   C. 向内   D. 向后   E. 向下

11. 肌皮神经的感觉神经,分布于前臂的

    A. 内侧   B. 前侧   C. 后侧   D. 外侧   E. 前内侧

12. 肱二头肌、肱肌、肱桡肌和什么肌肉是主要的屈肘肌。这些肌肉所产生的力量均作用于肘关节前方,导致围绕肘关节内 - 外轴的旋转

    A. 旋前方肌   B. 旋前圆肌   C. 肱三头肌

    D. 肘肌   E. 旋后肌

13. 将汤勺送至口中,肘关节同时进行什么运动

    A. 屈曲和旋前   B. 伸展和旋后   C. 伸展和旋前

    D. 屈曲和旋后   E. 伸展和内旋

14. 肘关节中最长的肌肉是什么,其近端附着于肱骨外髁上嵴的外侧缘,远端位于桡骨的茎突附近

    A. 肱肌   B. 肱桡肌   C. 肱二头肌

    D. 肱三头肌   E. 桡侧腕长伸肌

15. 肱桡肌的最大收缩可引起肘关节的完全屈曲和前臂旋转至

    A. 旋前位   B. 旋后位   C. 中立位   D. 解剖位   E. 正中位

16. 肘关节的屈曲力矩比其伸展力矩大多少? 此外,前臂旋后位时所产生的屈肘肌力矩约比前臂处于完全旋前状态时所产生的力矩大 20% ~ 25%

    A. 70%   B. 60%   C. 90%   D. 30%   E. 50%

17. 肱二头肌肌腱植入桡骨的角度为多少? 这种力学状态使肌肉的内力臂达到最大,从而使肌肉力量在最大程度上转换成旋转力矩

    A. 80°   B. 45°   C. 90°   D. 135°   E. 60°

18. 肱二头肌是一块多关节肌肉,跨越多个关节,具有怎样的复合运动功能。主动的屈曲肘关节和伸展肩关节是肱二头肌产生屈肘力矩的生理机制

    A. 屈肘和伸肩   B. 屈肩和伸肘   C. 屈肘和伸腕

    D. 屈肘和屈肩   E. 屈肘和屈腕

19. 主要的伸肘肌是肱三头肌和

    A. 肱桡肌   B. 肱肌   C. 肘肌

    D. 旋后肌   E. 旋前圆肌

20. 肱三头肌的内侧头在肱骨近端后方的附着点较阔,所占据的位置与肱骨前方的什么肌肉相似,其部分远端的纤维附着于肘后关节囊

    A. 肱肌   B. 肱桡肌   C. 肱二头肌

    D. 旋前圆肌   E. 旋前方肌

21. 一般做伸肘动作时,首先哪里被激活,并且一直保持一个较低水平的伸肘力量

    A. 肱三头肌的内侧头   B. 肘肌   C. 肱三头肌的外侧头

    D. 肱三头肌的长头   E. 肱二头肌

22. 在许多用力推开的动作中,肘关节的伸展通常伴随某种程度的肩关节的
    A. 内收　　　　B. 外展　　　　C. 后伸　　　　D. 前屈　　　　E. 上回旋

23. 肩关节的内外旋辅助前臂的旋转,往往是肩关节内旋时,伴有前臂的什么动作? 而肩关节外旋时,伴有前臂的什么动作
    A. 旋前,旋后　　　　　　　B. 旋后,旋前　　　　　　　C. 外展,内收
    D. 内收,外展　　　　　　　E. 外展,旋后

24. 旋后肌和什么肌肉具有旋后功能
    A. 桡侧伸腕肌群　　　　B. 拇长伸肌　　　　C. 示指伸肌
    D. 肱二头肌　　　　　　E. 都是

25. 旋前方肌和什么肌肉具有旋前功能
    A. 旋前圆肌　　　　　　B. 桡侧腕屈肌　　　　C. 掌长肌
    D. 肱桡肌　　　　　　　E. 都是

26. 什么肌肉是主要的前臂旋前肌,同时也是次要的屈肘肌
    A. 旋前方肌　　　　　　B. 旋后肌　　　　　　C. 肱二头肌
    D. 旋前圆肌　　　　　　E. 肱三头肌

27. 在肘关节的近侧发生损伤的病例中,所有的旋前肌均瘫痪,主动的旋前运动基本丧失,导致受什么支配的旋后肌和肱二头肌的收缩失去有效的拮抗,从而使得前臂趋向于保持长期旋后的状态
    A. 桡神经和正中神经　　　　B. 桡神经和肌皮神经　　　　C. 正中神经和尺神经
    D. 尺神经和桡神经　　　　　E. 正中神经和腋神经

28. 通常肘关节屈曲成多少度以增加肱二头肌的旋后力矩
    A. 90°　　　　B. 45°　　　　C. 30°　　　　D. 135°　　　　E. 150°

【A2 型题】

29. 病人,男,24 岁,学校羽毛球队训练员,因肘关节外上疼痛影响训练和日常前臂活动受限就诊,嘱病人前臂内旋,腕关节由掌屈再背伸时,即会出现肘关节外上疼痛,推断为
    A. 肱骨内上髁炎　　　　B. 肱骨外上髁炎　　　　C. 尺骨鹰嘴滑囊炎
    D. 桡骨小头骨折　　　　E. 桡骨小头半脱位

30. 病人,女,3 岁,和父母外出游玩时,大人突然拉扯患儿手腕后,患儿不敢举动患肢,肘关节不能伸屈,桡骨小头处有明显压痛,X 线片正常,应诊断为
    A. 桡骨小头骨折　　　　　B. 肘部软组织挫伤　　　　C. 桡骨小头半脱位
    D. 肱骨外上髁炎　　　　　E. 肱骨内上髁炎

【B 型题】

(31~32 题共用备选答案)
    A. 肱桡肌
    B. 指浅屈肌
    C. 旋前圆肌
    D. 指深屈肌
    E. 尺侧腕屈肌

31. 起于肱骨外上髁的肌肉是

32. 可屈曲远侧指骨间关节的肌肉是

（33～34题共用备选答案）

　A. 旋后肌

　B. 拇长伸肌

　C. 指总伸肌

　D. 桡侧腕长伸肌

　E. 拇长展肌

33. 起止点不附着于肱骨外上髁的肌肉是

34. 没有同时跨过肘和腕关节的肌肉是

（三）简答题

　1. 简述上下尺桡关节的旋后运动学。

　2. 简述肘关节的感觉神经分布。

　3. 简述旋前和旋后肌肉必须具有的两个生物力学特征。

　4. 简述伸肘时，伸肘肌群的激活顺序。

　5. 简述三角肌前束的运动学功能。

　6. 简述旋后肌不能产生较大屈伸肘关节力矩的原因。

　7. 简述肱二头肌运动学功能。

　8. 简述旋前方肌运动学功能。

四、参考答案

（一）名词解释

　1. **提携角**：肘关节在额状面上自然伸展，尺骨的纵轴与肱骨的纵轴所形成的夹角称作提携角，反映肘外翻角度的趋势是在走路时保持所携物体远离大腿外缘。在肘关节完全伸展时，正常的提携角约为 $13° \pm 6°$，女性一般比男性多 $2°$。

　2. **前臂旋转的中立位**：是"拇指向上"位，肘关节屈曲 $90°$，手掌向内，拇指向上，即前臂完全旋前和旋后的中间位置。

　3. **前臂旋转的功能弧度**：前臂旋前约为 $75°$，旋后约为 $85°$，合计 $160°$。一些日常活动所需前臂旋转的角度仅有约 $100°$，即旋前约 $50°$ 至旋后约 $50°$ 之间，这是前臂旋转的功能弧度。

　4. **多关节肌**：肌肉起止点之间跨越两个和两个以上关节的肌肉。

（二）选择题

【A1 型题】

　1. C　2. D　3. B　4. A　5. D　6. C　7. C　8. A　9. B　10. A　11. D　12. B　13. D

14. B　15. C　16. A　17. C　18. D　19. C　20. A　21. B　22. D　23. A　24. E　25. E

26. D　27. B　28. A

【A2 型题】

　29. B　30. C

【B 型题】

　31. A　32. D　33. B　34. A

（三）简答题

　1. 简述上下尺桡关节的旋后运动学。

当桡骨头在环状韧带形成的纤维骨性环和尺骨的桡切迹中旋转即产生上尺桡关节的旋

后运动,桡骨小头被这个纤维骨性环限制进行关节运动学标准的滚动和滑动。当桡骨远端的尺骨切迹凹面以相似的方向在尺骨头上旋转和滑动即产生下尺桡关节的旋后运动。

2. 简述肘关节的感觉神经分布。

(1)肱尺关节和肱桡关节:肱尺关节和肱桡关节及其周围的结缔组织所接受的感觉神经的分布来自 $C_{6\sim8}$ 神经根。这些神经主要来源于肌皮神经、桡神经、尺神经和正中神经的分支。

(2)上尺桡关节和下尺桡关节:上尺桡关节和包绕肘关节的关节囊的感觉神经的分布来自 $C_{6\sim7}$ 神经根,来源于正中神经;而下尺桡关节所接受的感觉神经的分布大多来自 C_8 神经根,来源于尺神经。

3. 简述旋前和旋后肌肉必须具有的两个生物力学特征。

第一,该肌肉附着在前臂旋转轴的两边,即近端附着在肱骨或尺骨上,远端附着在桡骨和手腕部。

第二,该肌肉收缩能产生一个围绕前臂旋转轴旋转的内力臂,该力的力线与旋前、旋后的旋转轴相交。

4. 简述伸肘时,伸肘肌群的激活顺序。

一般伸肘时,首先肘肌被激活,并且一直保持一个较低水平的伸肘力量;其次肱三头肌的内侧头被激活,其功能与对侧的肱肌拮抗;随着伸肘功能的要求,外侧头和长头被先后激活,长头是一块“储备型”肘伸肌,其体积较大,适于完成需要较高工作效能的任务。

5. 简述三角肌前束的运动学功能。

三角肌前束所产生的屈肩的力矩驱动上肢向前,并中和了肱三头肌长头使肩伸展的趋势。从生理学角度看,肩屈曲和肘关节伸展相结合的肱三头肌使肘关节完全伸展时使其收缩速度和缩短的程度降到了最低。

6. 简述旋后肌不能产生较大屈伸肘关节力矩的原因。

旋后肌在肱骨上仅有一个小的附着点,且距离肘关节的内 - 外旋转轴太近而不能产生导致肘关节屈伸的力矩。

7. 简述肱二头肌运动学功能。

肱二头肌是一块强有力的前臂旋后肌肉。肱二头肌的肌肉横截面积是旋后肌的三倍。前臂处于旋前状态时,肱二头肌的肌腱包绕桡骨近端,肱二头肌的主动收缩可以从完全旋前的状态将桡骨迅速“旋转”至旋后状态。当肘关节屈曲约 90° 时,肱二头肌肌腱以 90° 直角止于桡骨,使肱二头肌作为旋后肌的收缩效率达到最大。肘关节屈曲 90° 时,所产生的旋后力矩是肘关节接近完全伸展状态所产生的旋后力矩的两倍。

8. 简述旋前方肌运动学功能。

旋前方肌位于前臂远侧末端的前面,在所有腕屈肌和指屈肌肌腱的深部。这块扁平、方形的肌肉附着在尺骨和桡骨的远侧四分之一的前方,其肌纤维方向从近侧到远侧有所倾斜,与旋前圆肌的走行方向相似但角度不同。旋前方肌在生物力学方面是一个有效的旋前力矩发生器和下尺桡关节稳定器。旋前方肌的力线的方向几乎垂直于前臂的旋转轴,这使得该肌肉所产生的旋前力矩能达到最大。旋前方肌产生旋前力矩的同时,它还将桡骨的尺骨切迹和尺骨头之间直接压紧,这个压力为下尺桡关节提供了一个重要的稳定因素,而且在整个旋前运动中持续存在。

(冯 伟)

第三节 腕 与 手

一、学习目标

1. **掌握** 腕关节及手部关节的功能解剖基础,包括:腕骨、关节组成及活动、肌与肌腱、韧带以及所涉及的生物力学特征。

2. **熟悉** "腕窟窿"、"鼻烟窝"、腕管的结构,狭窄性腱鞘炎、腕管综合征的病理特征,指屈肌腱鞘滑车系统、手部神经支配、手部各关节的活动范围、手的稳定性和控制及适于抓握功能的模式。

3. **了解** 腕部运动学,腕的稳定性组成,腕和手运动的相互影响,腕部动力学。

二、重点和难点内容

重点

(一)腕

1. 解剖学基础

(1)骨("大小头状钩,舟月三豌豆"、尺骨头、桡骨茎突)

(2)韧带(掌侧韧带、背侧韧带、内在骨间韧带、屈肌支持带)

(3)"腕窟窿"

2. 关节

(1)桡腕关节

(2)腕骨间关节

(3)腕掌关节

3. 肌肉和神经支配

(1)屈腕关节、伸腕关节、内收腕关节、外展腕关节的肌肉及神经支配

(2)狭窄性腱鞘炎、腕管综合征、"鼻烟窝"的特征

4. 运动学特征

(1)腕关节的运动方向及范围

(2)腕掌关节的运动(拇指腕掌关节)

(3)腕关节的稳定性

(4)腕与手的相互影响

(二)手

1. 解剖学基础

(1)骨(掌骨、指骨)

(2)指屈肌腱鞘滑车系统

2. 关节

(1)掌指关节

(2)指骨间关节

3. 肌肉和神经支配

(1)浅层结构、深层结构

(2)外在肌和固有肌的组成及作用

（3）手部的神经分布

4. 运动学特征

（1）手指关节的运动方向及范围

（2）手指关节的稳定性和控制

（3）适于抓握的模式

（4）精细握与有力握的特征

难点

1. 腕管综合征

2. 腕关节运动学特征

3. 手指关节运动学特征

三、习题

（一）名词解释

1. 腕管

2. Colles 骨折

3. Phalen 试验

4. 鼻烟窝

5. 腕横韧带

6. 鱼际

7. 对掌运动

8. 指屈肌腱滑车系统

（二）选择题

【A1 型题】

1. 腕关节内收的主要肌是

   A. 尺侧腕伸肌、尺侧腕屈肌

   B. 桡侧腕屈肌、桡侧腕长伸肌、桡侧腕短伸肌

   C. 桡侧腕长伸肌、桡侧腕短伸肌、尺侧腕伸肌

   D. 桡侧腕屈肌、掌长肌、尺侧腕屈肌

   E. 拇长展肌、拇长伸肌、拇短伸肌

2. 通过腕管的结构是

   A. 尺侧腕屈肌   B. 尺神经的深支   C. 尺动脉

   D. 正中神经   E. 桡动脉

3. 经过尺侧腕管的结构有

   A. 正中神经   B. 尺动脉   C. 桡静脉

   D. 指浅屈肌   E. 拇长屈肌

4. 关于解剖学的"鼻烟窝"，**不正确**的是

   A. 其位于手掌外侧部浅凹   B. 其尺侧界为拇长伸肌

   C. 其近侧界为桡骨茎突   D. 其底为手舟骨和大多角骨

   E. 其内有桡动脉通过

5. 第一腕掌关节属于

A. 鞍状关节   B. 球窝关节   C. 滑车关节

D. 椭圆关节   E. 杵臼关节

6. 腕骨共 8 块,均属于

 A. 不规则骨 B. 籽骨   C. 短骨   D. 扁骨   E. 长骨

7. 属于关节基本构造的结构是

 A. 关节唇   B. 关节盘   C. 关节面 D. 关节结节 E. 滑液囊

8. **不参加**腕关节构成的骨是

 A. 手舟骨   B. 月骨   C. 三角骨 D. 豌豆骨 E. 桡骨下端

9. 下列关于桡腕关节,叙述正确的是

 A. 近侧列的三角骨的近侧关节面作为关节头而共同构成

 B. 属于滑车关节

 C. 由桡骨的腕关节面的关节盘关节窝

 D. 又称为腕关节

 E. 腕关节屈曲时,桡腕关节接触面积最大

10. 腕关节**不能做**

 A. 前屈运动   B. 外展运动   C. 内收运动

 D. 后伸运动   E. 旋转运动

11. 与屈腕**无关**的肌是

 A. 肱桡肌   B. 桡侧腕屈肌   C. 尺侧腕屈肌

 D. 掌长肌   E. 指浅屈肌

12. 掌指关节叙述**错误**的是

 A. 指浅、指深屈肌使之屈 B. 骨间肌使之屈   C. 蚓状肌使之屈

 D. 骨间肌使之伸   E. 指伸肌使之伸

13. 关于关节的描述正确的是

 A. 关节面、关节囊、关节腔是基本结构部分

 B. 滑膜覆盖关节内除关节面以外的所有结构

 C. 关节面上有骨膜覆盖

 D. 关节腔由关节囊和关节面围成

 E. 每个关节都可沿任何轴运动

14. 腕部最易脱位的骨是

 A. 月骨   B. 大多角骨   C. 小多角骨

 D. 三角骨   E. 手舟骨

15. 桡腕关节属于

 A. 椭圆关节   B. 球窝关节   C. 滑车关节

 D. 鞍状关节   E. 杵臼关节

16. 指腱鞘是指

 A. 包绕指浅、指深屈肌腱和蚓状肌   B. 由腱纤维鞘和腱滑膜鞘构成

 C. 腱纤维鞘由于指浅筋膜增厚形成   D. 腱滑膜鞘位于腱纤维鞘外

 E. 腱滑膜鞘位于腱纤维鞘内

17. 手支撑倒立时,手关节周围的肌做

A. 加固工作   B. 固定工作   C. 退让工作

D. 支持工作   E. 稳定工作

18. 指骨

    A. 15 块   B. 属于长骨   C. 属于短骨

    D. 属于不规则骨   E. 属于籽骨

19. 指关节属于

    A. 鞍状关节   B. 球窝关节   C. 滑车关节

    D. 椭圆关节   E. 杵臼关节

20. 桡神经损伤后可导致

    A. 猿手   B. 爪形手   C. 垂腕   D. 方形肩   E. 翼状肩

21. 蚓状肌叙述**错误**的是

    A. 为 4 条细束状的小肌   B. 止于第 2~第 5 指背腱膜

    C. 能屈掌指关节,伸指间关节   D. 能伸掌指关节,屈指间关节

    E. 受正中神经、尺神经支配

22. **不属于**手肌的是

    A. 拇收肌   B. 拇短屈肌   C. 小指展肌

    D. 拇短伸肌   E. 蚓状肌

【A2 型题】

23. 病人,女,34 岁,食指、中指和无名指麻木、刺痛或呈烧灼样痛,白天劳动后夜间加剧,甚至睡眠中痛醒;局部性疼痛常放射到肘部及肩部;拇指外展肌力差,偶有端物、提物时突然失手。检查:压迫或叩击腕横韧带、背伸腕关节时疼痛加重;病程长者,可有鱼际肌萎缩。判断为何种损伤。

    A. 三角纤维软骨盘损伤   B. 桡骨茎突部狭窄性腱鞘炎

    C. 腕部创伤性滑膜炎   D. 腕部腱鞘囊肿

    E. 腕管综合征

24. 某病人因外伤造成左肱骨中段骨折,入院检查发现伸腕能力减退,不能伸指,第 1、第 2 掌骨间隙背面的"虎口区"感觉丧失,抬前臂时,呈"垂腕"状手。分析原因是肱骨骨折后损伤了

    A. 尺神经   B. 正中神经   C. 桡神经

    D. 肌皮神经   E. 腋神经

25. 病人主诉右手桡侧 3 个半手指发麻,检查后诊断为腕骨骨折。受损神经为

    A. 桡神经深支   B. 尺神经手背支   C. 尺神经深支

    D. 正中神经   E. 尺神经浅支

26. 病人,男,25 岁,因手外伤,经检查小指掌面皮肤感觉丧失,提示损伤了

    A. 桡神经浅支   B. 正中神经   C. 桡神经深支

    D. 尺神经手背支   E. 尺神经浅支

【B 型题】

(27~31 题共用备选答案)

    A. 指浅屈肌

    B. 指伸肌

C. 尺侧腕屈肌

D. 桡侧腕长、腕短伸肌

E. 尺侧腕伸肌

27. 伸桡腕关节和伸第2~第5指的是

28. 屈桡腕关节和内收桡腕关节的是

29. 伸和外展桡腕关节的是

30. 屈桡腕关节和屈第2~第5指的是

31. 伸和内收桡腕关节的是

（32~35题共用备选答案）

A. 拇收肌

B. 拇短屈肌

C. 蚓状肌

D. 拇短展肌

E. 小指伸肌

32. 屈第2~第5掌指关节和伸第2~第5手指间关节的是

33. 屈拇指近节指骨的是

34. 内收拇指的是

35. 伸小指的是

（三）简答题

1. 简述腕关节的构成、结构特点和运动方式。

2. 简述尺侧副韧带损伤的诊断步骤。

3. 简述运动腕关节的主要肌群。

4. 简述桡骨远端骨折的并发症。

5. 简述腕关节的运动方向。

6. 何为腕管综合征？

7. 简述腕关节脱位的固定方法。

8. 腕和手的运动是如何相互影响的？

9. 简述指关节的组成和运动方向。

10. 简述伸指的装置。

11. 手适于抓握功能的模式有哪些？

12. 手的稳定性和控制是如何实现的？

13. 精细握与有力握的重要区别是什么？

四、参考答案

（一）名词解释

1. **腕管**：由屈肌支持带和腕骨沟共同围成，腕管里有指浅、指深屈肌肌腱及其屈肌总腱鞘、拇长屈肌肌腱及其腱鞘和正中神经通过。指浅、指深屈肌肌腱被屈肌总腱鞘或尺侧囊包绕，拇长屈肌被拇长屈肌腱鞘或桡侧囊包绕。两个腱鞘均超过屈肌支持带近侧和远侧2.5cm，尺侧囊常与小指腱滑液鞘相通，桡侧囊与拇指的腱滑液鞘相连。正中神经紧贴屈肌支持带深面，由两个滑液鞘之间进入手掌。

2. **Colles 骨折**：是桡骨远端,距关节面 2.5cm 以内的骨折,常伴有远侧骨折断端向背侧倾斜,前倾角度减少或呈负角,典型者伤手呈银叉畸形。1814 年 Abraham Colles 首先详细描述此类骨折,故命名为 Colles 骨折。它是最常见的骨折之一,约占所有骨折的 6.7%,好发于老年人,女性较多,有"老年性骨折"之称。

3. **Phalen 试验**：两臂平举,屈肘 90°,腕关节极度掌屈 1min,患手桡侧手指即可出现麻木和感觉异常。

4. **鼻烟窝**：其近侧界为桡骨茎突,桡侧界为拇长展肌肌腱及拇短伸肌肌腱,尺侧界为拇长伸肌肌腱,窝底为手舟骨和大多角骨。其内有桡动脉通过,此处可触及桡动脉搏动。手舟骨骨折时,"鼻烟窝"可因肿胀而凹陷消失,并有压痛。

5. **腕横韧带**：是腕掌侧深筋膜特别增厚形成的厚而坚韧的结缔组织扁带,其纤维横行于桡侧的手舟骨和大多角骨的结节与尺侧的豌豆骨和钩骨沟之间,它与深面的腕骨沟共同构成腕管。

6. **鱼际**：由四块运动拇指的肌肉组成,各肌主要起自屈肌支持带,作用于肌肉的名称相同。除拇短屈肌由正中神经和尺神经双重支配,拇收肌由尺神经支配外,其余两肌均由正中神经支配。这群肌肉可以使拇指屈、内收、外展和对掌运动。

7. **对掌运动**：是拇指向掌心、拇指尖与其余 4 个指尖掌侧面相接触的运动。使得手具有强有力的抓握功能,利于从事各种劳动与运动。这一运动加深了手掌的凹陷,是人类进行握持和精细操作时所必需的主要动作。余下的腕掌关节由小多角骨、头状骨、钩骨与第 2～第 5 掌骨构成,被包在一个关节囊内,是平面关节,其活动范围很小。

8. **指屈肌腱滑车系统**：是腱纤维鞘在不同部位增厚所形成的。是一系列不同宽度、厚度和形态的致密结缔组织束;其主要作用是约束指屈肌腱,防止形成弓弦畸形,从而充分发挥指屈肌腱的屈指功能。各滑车间的间距是与手指的屈曲功能相适应的。在屈指过程中,滑车间距的可变性使滑车相互靠近而又不致使滑车发生重叠,故滑车在防止肌腱形成弓弦的同时又不会妨碍手指的屈曲。

（二）选择题

【A1 型题】

1. A　2. D　3. B　4. A　5. A　6. C　7. C　8. D　9. D　10. E　11. A　12. B　13. A　14. A　15. A　16. B　17. D　18. B　19. C　20. C　21. D　22. D

【A2 型题】

23. E　24. C　25. D　26. E

【B 型题】

27. B　28. C　29. D　30. A　31. E　32. C　33. B　34. A　35. E

（三）简答题

1. 简述腕关节的构成、结构特点和运动方式。

桡腕关节由桡骨的桡腕关节面和三角形的关节盘组成关节窝,与近侧列的腕骨的手舟骨、月骨、三角骨组成的关节头共同构成。手舟骨、月骨、三角骨之间被坚韧的韧带联结在一起几乎没有活动,可以将它们看成一块骨。尺骨由于被三角形关节盘隔开,不参与桡腕关节的组成,因此从结构上看此关节属于简单关节。

腕关节韧带包括掌侧韧带、背侧韧带以及内在骨间韧带 3 个部分。

该关节在功能上与腕骨间关节一起组成联合关节,共同完成较大幅度的屈、伸和内收、外展等复杂运动。

2. 简述尺侧副韧带损伤的诊断步骤。

（1）病史：要做出尺侧副韧带损伤的正确诊断，详细询问病史很重要。

（2）体格检查：肘部体格检查包括视诊、触诊、动诊、量诊、关节稳定性检查、肌力检查以及全面的神经、肌肉系统的检查，同时需检查同侧的肩关节和肩胛骨。

（3）肘关节外翻角度的检查是诊断肘内侧副韧带损伤的重要依据，检查方法是固定肘关节的远近端，保持患肘屈曲 30°，施加外翻应力。如果肘尺侧副韧带处疼痛，关节间隙明显增大则有助于诊断。

（4）在抗阻力握拳屈腕活动下做外翻试验，这是鉴别单纯内侧副韧带损伤还是合并有前臂屈肌腱起点断裂，若此时肘外翻角度减少，松弛感减少或消失，则为单纯韧带损伤。

3. 简述运动腕关节的主要肌群。

（1）屈腕的肌群：屈腕的肌群有桡侧腕屈肌、掌长肌、尺侧腕屈肌、指浅屈肌、指深屈肌。

（2）伸腕的肌群：伸腕的肌群有桡侧腕长伸肌、桡侧腕短伸肌、伸指总肌、尺侧腕伸肌、拇长伸肌、拇短伸肌、食指和小指固有伸肌等。

（3）外展腕的肌群：外展腕的肌群有桡侧腕屈肌、桡侧腕长伸肌、桡侧腕短伸肌、拇长展肌、拇短伸肌和拇长伸肌。

（4）内收腕的肌群：内收腕的肌群主要有尺侧腕屈肌和尺侧腕伸肌。

4. 简述桡骨远端骨折的并发症。

（1）肩肘关节僵直：由于骨折处理后未能积极主动活动所致。

（2）Sudeck 骨萎缩：或称反射性交感性骨萎缩。表现在腕及手指肿胀、僵硬、皮肤红而变薄、骨普遍萎缩。有时是突然发病。常由骨折后未能主动锻炼所致。

（3）拇长伸肌肌腱断裂：通常发生在伤后 4 周或更长时间，由于原始损伤，伤及肌腱血运，导致缺血坏死而引起，也可能由于骨折波及 Lister 结节，肌腱在不平滑的骨沟上经常摩擦而断裂。

5. 简述腕关节的运动方向。

桡腕关节是典型的椭圆关节，可以绕两个运动轴运动。其关节囊松弛，关节的前后和两侧均由韧带加强，其中掌侧韧带最为坚韧，所以腕的后伸运动受限。桡腕关节可作屈、伸、外展、内收及环转运动。腕中关节各关节腔彼此相通，只能做轻微的滑动和转动，属微动关节，腕的屈、伸、外展、内收也发生于此，即腕中关节和桡腕关节的运动通常是一起进行的，并受相同肌肉的作用。腕骨间关节可以看成三个相连续的椭圆形关节，腕骨间关节的运动幅度补充了桡腕关节。对于腕掌关节，除拇指和小指的腕掌关节外，其余各指的腕掌关节运动范围极小。

6. 何为腕管综合征？

腕管综合征是指任何原因引起腕管内正中神经受压，只是手掌桡侧 3 个半手指的感觉异常，神经性疼痛，严重时出现手指运动障碍，鱼际肌萎缩等症状。腕管是一个相对狭窄的、坚韧的骨纤维隧道，缺乏伸展性和对压力的缓冲作用，容易使正中神经受压，这是产生腕管综合征的主要原因。此外，桡腕关节的运动尤其是伸腕时可以增加腕管内压力；指浅、指深屈肌肌腹过低或者蚓状肌肌腹过高，可部分或运动时移入腕管内，增加了腕管内容积而增高腕管内压力；正中神经直接与腕横韧带接触，由于该韧带坚韧、少弹性，任何原因引起的腕管内压力增高，均可使神经的张力增大，导致正中神经损伤而出现腕管综合征。

7. 简述腕关节脱位的固定方法。

腕关节伸展型脱位,复位后以腕关节塑形夹板将腕关节固定于掌屈位 2~3 周。腕关节屈曲型脱位,复位后以腕关节塑形夹板将腕关节固定于背伸位 2~3 周。腕关节脱位合并骨折者,特别是舟骨骨折,以塑形夹板固定 6~8 周,确定骨折愈合,解除固定。陈旧性腕关节脱位固定 4 周左右。

8. 腕和手的运动是如何相互影响的?

腕的运动对于增加指和手的精细运动控制是基本的。安置腕与指的方向相反改变了手指肌腱的功能长度以至于手指能获得最大的运动。腕伸和指屈是相互促进的,腕伸增加了指屈肌肉的长度,允许在伸的时候屈。相反,腕的部分屈增加了长伸肌的伸,引起手指自动张开并帮助手指完全伸开。腕关节结构便于腕伸肌的协作运动和更有力的指屈。指屈肌肌腱在腕弓深度跨过腕,靠近腕的屈 - 伸轴,这样对腕的位置影响最小。通过比较,外部的屈腕肌和伸腕肌在周围广泛分布,为腕关节的安置提供了最大的力臂。当腕改变位置时,指屈肌肌腱的功能长度被改变,这样引起手指的合力改变,从而影响抓握能力。腕的位置也改变拇指和其他手指的位置,这样影响抓握能力。当腕在手放松弯曲时,拇指的掌侧仅达到食指远侧指骨关节水平;伸腕时,拇指和食指掌侧被动接触,是引起抓握和侧捏的最佳位置。

9. 简述指关节的组成和运动方向。

指间关节,共 9 个,都是滑车关节,仅能绕一个运动轴转动,因此只能做屈伸运动。指间关节的运动与掌指关节密切相关。每个手指均有五个环形滑车,四个交叉滑车,另有一个掌腱膜滑车。指间关节是典型的滑车关节,只能做屈伸、内收外展和环转运动。当放松以及关节囊松弛时,有较大的附加运动。如检查者用一个手固定掌骨,另一个手握住近节指骨则可在掌指关节做掌侧、背侧和侧向的移动、旋转以及牵开等运动。相似的运动也可发生在指骨间关节,但运动范围较小。

10. 简述伸指的装置。

伸指装置是一个腱系统,包括指伸肌腱、蚓状肌、骨间肌、大小鱼际肌的腱及筋膜和韧带的支持带系统。伸指的肌腱以及几乎所有手固有肌,都置于伸指装置中。该装置的作用是伸不同屈位的指;提供伸肌腱跨越关节的短路和允许指完全地屈。伸肌腱从完全过伸位到完全屈曲位必须有一段较长的距离,约 25mm。

11. 手适于抓握功能的模式有哪些?

正常手易于抓握运动的两个不同模式:有力握(power grip)和精细握(precision grip)。有力握是手指在三个关节弯曲时进行的有力的动作,物体握在手指和手掌间。拇指位于物体的掌侧,对物体施加力以确保物体在手掌里。通常情况下,腕的尺侧偏移和轻微背屈能增加屈肌肌腱的拉伸。精细握包括在一个精确控制方式中拇指和手指屈肌之间对小物体的控制。

12. 手的稳定性和控制是如何实现的?

许多解剖学特征有利于手的各关节面的稳定和控制。手的外在肌和固有肌的协调活动控制掌指及指间关节复合体。众所周知的屈肌群的背部腱联合体对指骨间关节的控制和稳定性有贡献;一个好的屈肌腱鞘滑车系统便于这些关节的光滑和稳定进行屈这一动作。掌指关节的多骨性和不对称性实现了手功能的多样性。指骨间关节从它们关节面的轮廓和特殊的韧带限制获得它们的稳定性。

13. 精细握与有力握的重要区别是什么?

精细握指在一个精确控制方式中拇指和食指屈肌之间对小物体的控制。有力握是手指在三个关节弯曲时进行的有力的动作,物体在手指和手掌间。精细握与有力握的一个重要区别是每个姿势中拇指基本在不同的位置。在有力握中,拇指内收,对物体施加力以确保物体在手掌里;在精细握中,拇指外展。手和前臂的关节也显著不同。在有力握中,手通常向尺侧偏移,腕约保持在中间位置以致拇指的长轴与前臂的长轴一致。在精细握中,通常手位于桡侧偏移和尺侧偏移之间,腕明显背屈,以致拇指的长轴与前臂的长轴不在一条直线上。

（刘雅丽）

第三章
躯干

第一节　咀嚼与呼吸运动学

（Ⅰ）咀　　嚼

一、学习目标

1. **掌握**　咀嚼的基本概念,咀嚼的解剖学基础,颞下颌关节。
2. **熟悉**　咀嚼肌与神经支配。
3. **了解**　颞下颌关节障碍。

二、重点和难点内容

重点

（一）咀嚼的解剖学基础

牙齿与骨骼:下颌骨、上颌骨、颞骨、颧骨、蝶骨、舌骨、牙齿

（二）颞下颌关节

1. 骨性结构　下颌髁突、下颌窝

2. 关节盘

3. 关节囊和韧带结构　纤维囊、外侧韧带、副韧带

（三）咀嚼肌与神经支配

1. 咀嚼肌及其神经支配

2. 咀嚼肌及其功能

（1）原动肌:咬肌、颞肌、翼内肌及翼外肌。

（2）咀嚼的副动肌:舌骨上肌和舌骨下肌。

（四）运动学特征

1. 下颌骨的骨运动学　前伸与后缩、侧移、下降与上提。

2. 颞下颌关节的运动学　前伸与后缩、侧移、下降与上提。

3. 口开合的运动学　口的张开、口的闭合。

（五）颞下颌关节障碍

难点

1. 咀嚼肌与神经支配

2. 咀嚼的运动学特征

3. 颞下颌关节障碍

三、习题

（一）名词解释

1. 咀嚼

2. 颞下颌关节

（二）填空题

1. 颞下颌关节是_____和_____之间所形成的宽松的关节。

2. 咀嚼肌副动肌包括_____和_____。

3. 上颌骨和下颌骨各有_____颗_____。每个牙齿的结构反映了其在咀嚼中的功能。

4. _____关节不仅仅是在咀嚼过程，在吞咽以及言语的过程中都频繁使用。

（三）选择题

【A1 型题】

1. 最大且活动性很强的颌面颅骨是

    A. 上颌骨   B. 下颌骨   C. 颞骨   D. 颧骨   E. 蝶骨

2. 关于恒牙的描述**错误**的是

    A. 上颌骨和下颌骨各有 16 颗恒牙

    B. 每一个牙齿都有两个基本部分：牙冠与牙根

    C. 牙齿最大程度的接触称之为最大牙尖吻合

    D. 切牙的功能是切割食物

    E. 尖牙的功能是粉碎食物

3. 过度拉伸颞下颌关节致外侧韧带撕裂会导致关节盘向哪个方向移位

    A. 向外   B. 向内   C. 向下   D. 向上   E. 向外下

4. 由下颌神经的分支所支配的肌肉是

    A. 咬肌   B. 肩胛舌骨肌   C. 胸骨舌骨肌

    D. 甲状舌骨肌   E. 茎突舌骨肌

5. 关于咬肌的描述**错误**的是

    A. 咬肌很容易在下颌角的上方触及

    B. 咬肌的主要功能是在臼齿之间产生巨大的力量以有效地粉碎和磨细食物

    C. 双侧咬肌收缩会使下颌骨后缩

    D. 一侧咬肌的收缩会导致下颌骨轻微的侧移

    E. 咬肌的多维动作对于有效地咀嚼是必要的

6. **不能**使下颌骨发生侧移的肌肉是

    A. 咬肌   B. 翼内肌   C. 翼外肌上头

    D. 翼外肌下头   E. 舌骨上肌

7. 口的开合的运动学描述**错误**的是

    A. 口的开合是通过下颌骨的下降和上提来完成的

    B. 开口的关节运动学分为早期和晚期两个阶段

    C. 开口的早期髁状突在关节盘的下凹面向后滚动

    D. 开口的晚期髁状突从平移过渡到以旋转为主

E. 口的开合是旋转和平移的复合运动

8. 颞下颌关节障碍的临床表现**不包括**

    A. 关节发出声音("爆裂声")   B. 磨牙咀嚼力的减弱

    C. 口腔张开范围增加   D. 关节锁定

    E. 脸部和头皮的牵涉痛

【X 型题】

9. 咀嚼过程包含了以下哪些系统、器官

    A. 中枢神经系统   B. 咀嚼的肌肉   C. 牙齿

    D. 舌头   E. 颞下颌关节

10. 颞窝是由以下哪些骨共同构成的

    A. 颞骨   B. 顶骨   C. 额骨   D. 蝶骨   E. 颧骨

11. 支持颞下颌关节的结缔组织包括

    A. 关节盘   B. 纤维囊   C. 外侧韧带

    D. 蝶下颌韧带   E. 茎突下颌韧带

12. 咀嚼的原动肌包括

    A. 咬肌   B. 舌骨上肌群   C. 颞肌

    D. 翼内肌   E. 翼外肌

13. 关于颞肌的描述正确的是

    A. 颞肌填充了头骨颞窝的大部分凹陷

    B. 是一个扁平的、扇形的肌肉

    C. 肌肉远端连接到喙突和下颌骨支的前缘和内表面

    D. 单侧颞肌的收缩会导致下颌骨轻微的侧移

    E. 两侧颞肌的收缩会降低下颌骨

14. 下颌骨的运动包括

    A. 环转   B. 上提和下降   C. 前伸和后缩

    D. 侧移   E. 侧移伴上提

15. 抗阻闭口的主要肌肉包括

    A. 咬肌   B. 舌骨上肌群   C. 舌骨下肌群

    D. 翼内肌   E. 颞肌

（四）简答题

1. 为什么咬肌和翼内肌可产生功能性的相互影响？

2. 请描述口张开和闭合的关节运动学。

四、参考答案

（一）名词解释

1. **咀嚼**：是使用牙齿咀嚼，撕扯以及磨碎食物的过程。这个过程包含了中枢神经系统、用于咀嚼的肌肉、牙齿、舌头以及颞下颌关节。

2. **颞下颌关节**：是下颌骨髁突和颞骨的下颌窝之间所形成的宽松的关节。它是一个滑膜关节，允许大范围地旋转和平移。

（二）填空题

1. 下颌骨髁突、颞骨的下颌窝

2. 舌骨上肌群、舌骨下肌群

3. 16、恒牙

4. 颞下颌关节

（三）选择题

【A1 型题】

1. B 2. E 3. B 4. A 5. C 6. E 7. D 8. C

【X 型题】

9. ABCDE   10. ABCDE   11. ABCDE   12. ACDE   13. ABCD   14. BCD   15. ADE

（四）简答题

1. 为什么咬肌和翼内肌可产生功能性的相互影响？

翼内肌以及咬肌在下颌角附近形成功能性悬吊系统。这两条肌肉同时收缩可以使下颌和上下臼齿间产生强大的咬合力量。成人在此区域的最大咬合力量平均为 422N，此力量约是门牙间可产生咬合力量的 2 倍。咬肌与翼内肌分别作用于下颌骨的内侧与外侧，可协助臼齿产生重要的左右移动的力量。当右侧翼内肌与左侧咬肌同时收缩时，可产生左侧向偏移。这些肌肉的协同收缩可产生足够的剪切力，使上下臼齿得以磨碎食物。这些肌肉的共同收缩可以在吞咽前将食物完全切断磨碎。

2. 请描述口张开和闭合的关节运动学。

口的开合是通过下颌骨的下降和上提来完成的，是旋转和平移的复合运动。开口的关节运动学分为运动范围前 35%～50% 的早期和运动范围后 50%～65% 的晚期两个阶段，开口的早期髁状突在关节盘的下凹面向后滚动将下颌体向下方和后方摆动。后期的主要特征是从以旋转为主过渡到以平移为主。在平移中髁突与关节盘同时向前、向下滑动。闭口的关节运动学与张口的顺序相反，当口完全张开并准备关闭时，关节盘后上板层的张力开始将关节盘向回拉，开始闭口的早期是平移阶段。后期为髁突在关节盘的凹陷处旋转，当上下牙齿开始接触时，这个阶段就结束了。

（敖丽娟）

（Ⅱ）呼　　吸

一、学习目标

1. **掌握**　呼吸的基本概念，胸廓的关节学特征。

2. **熟悉**　平静呼吸和用力呼吸过程中参与的肌肉。

3. **了解**　换气的原理，换气过程中胸腔的变化。

二、重点和难点内容

重点

（一）胸廓的变化在呼吸过程中的作用

1. 吸气时，连接肋骨和胸骨间肌肉的收缩增大了胸廓的容积，胸膜腔内空间的压力为负，产生了一种吸力让肺扩张,从而使肺泡压力低于大气压,最后气体会从大气中吸入肺里。

2. 呼气时,胸廓体积缩小,减少胸内的容积,增加肺泡的压力,从而使空气从肺泡外流到大气中。

(二)胸廓形状的改变是通过胸骨关节、胸肋关节、软骨间关节、肋横突关节和胸椎椎间关节等五组关节运动引起的

(三)换气过程中,胸廓通过垂直方向,前后径和内外径的变化,引起胸廓容积的变化

(四)呼吸中的肌肉运动

1. 呼吸肌功能的常用测量方法。

2. 安静时参与呼吸的肌肉主要是膈肌、斜角肌和肋间肌。

3. 用力吸气协助吸气的肌肉有上后锯肌、下后锯肌、胸锁乳突肌、背阔肌等肌肉。

4. 用力呼气时协助呼气的有腹部肌肉、胸横肌和肋间内肌的骨间纤维。

难点

1. 呼吸中肌肉的运动。

2. 胸廓的变化在呼吸中的作用。

三、习题

(一)名词解释

1. 软骨胸骨连接

2. 波义耳定律

(二)填空题

1. _____和_____的上升和下降会改变胸廓的内外径和前后径的变化。

2. 在吸气时,膈肌的初始收缩会使其穹顶_____且_____,同时也稳定了下部的肋骨。

3. 用力呼气肌包括_____、_____和肋间内肌的骨间纤维。

4. 在每一个吸气周期中,_____和膈肌同时起作用。

5. 在吸气时,除了扩大胸腔外,_____和_____的收缩也增加了胸腔的硬度。

(三)选择题

【A1型题】

1. 在健康人身上,平静呼气主要是一种
   A. 依赖肌肉活动的被动过程　　B. 不依赖肌肉活动的被动过程
   C. 依赖肌肉活动的主动过程　　D. 不依赖肌肉活动的主动过程
   E. 胸腔容积不发生变化的过程

2. 呼吸的运动学与哪里的肌肉之间的相互作用有很大关系
   A. 胸骨　　B. 锁骨　　C. 中轴骨　　D. 肩胛骨　　E. 肱骨

3. 在上六根肋骨,旋转轴在水平方向上与冠状面夹角约为
   A. 25°~35°　　B. 25°~45°　　C. 20°~35°　　D. 25°~45°　　E. 30°~45°

4. 在老年期通常与潮气量轻微下降和呼吸频率的轻微增加有关的是
   A. 老年期运动量减少　　B. 胸腔和肺的顺应性没有变化
   C. 胸腔和肺的顺应性升高　　D. 胸腔和肺的顺应性降低
   E. 运动量增加需求

【X型题】

5. 属于呼吸肌功能测量方法的有

　　A. 肌肉形态学　　　　　　　B. 纤维类型　　　　　　　C. 肌电图

　　D. 神经电刺激反应　　　　　E. 呼吸压力

6. 平静呼吸时,参与的主要呼吸肌包括

　　A. 膈肌　　　B. 斜角肌　　　C. 肋间肌　　　D. 腹直肌　　　E. 胸横肌

7. 腹内压的增加除了用于用力呼气,还被用于哪几种活动中

　　A. 排便　　　B. 分娩　　　C. 负重　　　D. 稳定腰椎　　　E. 走路

（四）简答题

1. 简述吸气时膈肌的功能,并解释为何膈肌被称为最重要的吸气肌。

2. 列举出通气时,最可能影响胸腔前后径和左右径的关节。

3. 简述腹肌参与用力呼气的机制。

四、参考答案

（一）名词解释

1. **软骨胸骨连接:**是肋骨的中段末端软骨和胸骨的肋结节的关节凹形成的连接。

2. **波义耳定律:**在密闭容器中的定量气体,在恒温下,气体的压力和体积成反比关系。

（二）填空题

1. 肋骨、胸骨

2. 下降、变窄

3. 四块腹肌、横胸肌

4. 斜角肌

5. 肋间外肌、胸骨旁肋间肌

（三）选择题

【A1型题】

1. B　　2. C　　3. A　　4. D

【X型题】

5. ABCD　　6. ABC　　7. ABCD

（四）简答题

1. 简述吸气时膈肌的功能,并解释为何膈肌被称为最重要的吸气肌。

膈肌之所以是最重要的吸气肌,是因为在呼吸的过程中做了60%~80%的功。在吸气时,膈肌是第一个被神经系统激活的肌肉。膈肌的初始收缩会使其穹顶下降且变窄,同时也稳定了下部的肋骨。这种下降的活塞动作会大大增加胸腔的垂直径。这个动作是膈肌增加胸腔内容积的主要方式,额外增加体积则需要来自腹腔内阻力。

膈肌在吸气时的主要作用在于它在三个方向上增加胸腔的体积:垂直、前后和内外。因此,膈肌收缩会导致胸腔内压产生较大幅度下降。

2. 列举出通气时,最可能影响胸腔前后径和左右径的关节。

通气时,最可能影响胸腔前后径和左右径的关节有肋椎关节、肋横突关节、胸廓关节、肋胸关节。

3. 简述腹肌参与用力呼气的机制。

腹肌的直接收缩会引起肋骨和胸骨下压及胸腔压缩等动作。这些动作迅速而有力地减少胸腔内容积,如咳嗽、打喷嚏或用力呼气到极限等。通过腹肌的间接收缩,尤其是腹横肌收缩,会增加腹内压,并挤压腹腔脏器。增加的压力能有力地将放松的膈肌向上推入胸腔。通过这种方式,腹部肌肉的主动收缩利用了降落伞形状的横膈来帮助呼出胸腔内的空气。

(钟卫权)

第二节　脊　柱

一、学习目标

1. **掌握**　脊柱功能单位的概念,脊柱的功能,椎间盘的功能,腰椎柱的概念,腰椎生物力学特点。

2. **熟悉**　脊柱的结构和生物力学特征,脊柱节段运动,脊柱韧带功能,脊柱稳定系统组成和脊柱的不稳定性的主要表现,上颈椎的结构和运动特点,姿势对腰椎结构和功能的影响。

二、重点和难点内容

重点

(一)概述

1. 脊柱结构特征与功能(4个生理弯曲,脊柱的四大功能:保护功能、承载功能、运动功能、全身运动协调功能)

2. 脊柱功能单位

3. 脊柱节段运动

4. 脊柱韧带(前纵韧带、后纵韧带、棘间韧带、棘上韧带、横突间韧带、黄韧带等)

5. 脊柱的肌肉(整体性稳定肌、局部性稳定肌)

6. 脊柱负荷

7. 脊柱的稳定机制

(二)颈椎

1. 解剖学基础

2. 运动学特征

3. 颈部运动障碍

(三)胸椎

1. 解剖学基础

2. 运动学特征

(四)腰椎

1. 解剖学基础

2. 运动学特征

3. 腰椎生物力学

（五）姿势与腰椎运动

1. 体位对腰椎运动功能的影响
2. 姿势与椎间盘的力学
3. 姿势与椎间盘的营养
4. 姿势与脊神经根
5. 姿势与肌肉活动
6. 侧屈姿势
7. 姿势评定

难点

1. 颈椎的运动学
2. 胸椎的运动学
3. 腰椎的生物力学
4. 体位对腰椎运动功能的影响

三、习题

（一）名词解释

1. 脊柱生理弯曲
2. FSU 或脊柱功能单位
3. 腰椎柱
4. 甩鞭伤

（二）选择题

【A1 型题】

1. 脊柱的功能是
   A. 保护椎管内脊髓和神经　　B. 缓冲震荡　　C. 承载和负重
   D. 运动　　E. 以上都是

2. 脊柱节段运动的最大自由度为
   A. 3　　B. 4　　C. 5　　D. 6　　E. 7

3. 颈椎的运动
   A. 前屈　　B. 后伸　　C. 侧屈　　D. 旋转　　E. 以上都是

4. 脊柱韧带的功能
   A. 维持姿势　　B. 保护脊柱　　C. 保护脊髓　　D. 抵抗牵张力　　E. 以上都是

5. 属于脊柱的主动稳定系统
   A. 椎骨　　B. 椎间盘　　C. 肌肉　　D. 韧带　　E. 神经

6. 属于脊柱内源性稳定系统
   A. 韧带　　B. 肌肉　　C. 肌腱　　D. 内压　　E. 神经

7. 有关脊柱稳定性与不稳定性描述,正确的是
   A. 脊柱由稳定最后都会达到不稳定
   B. 脊柱生物力学功能,随着稳定性的丧失而退化
   C. 不稳定脊柱治疗的干预总是必要的
   D. 在生理载荷下,脊柱总是稳定的

E. "脊柱功能失调" 不可避免

8. 颈部骨质增生最多的部位是

   A. C_3 B. C_4 C. C_5 D. C_6 E. C_7

9. 深呼吸时，**错误**的是

   A. 膈肌和肋间肌运动增加，机体能耗增加

   B. 颈部肌群参与，机体能耗增加

   C. 腹部肌群参与，机体能耗增加

   D. 可导致呼吸肌和机体的疲劳

   E. 机体能耗无显著变化

10. 腰椎间盘功能

   A. 联结上下椎体   B. 保持椎体间活动度   C. 吸收震荡

   D. 承受应力   E. 以上都是

11. **不是**腰段脊柱的运动是

   A. 前屈   B. 环转   C. 后伸   D. 侧屈   E. 旋转

12. 关于好的姿势，**错误**的是

   A. 始终保持某一舒适体位   B. 宜保持适度的屈伸

   C. 应保持最小的应力负荷   D. 应保持最小的损伤负荷

   E. 好的姿势体现整体利益

13. 扭转动作易导致

   A. 椎间盘突出   B. 前纵韧带损伤   C. 关节突关节损伤

   D. 腰椎骨折   E. 后纵韧带损伤

14. 最易引发腰椎间盘突出的姿势是

   A. 过度前屈   B. 过度后伸   C. 过度扭转

   D. 弯曲和压迫加轴向旋转   E. 过度侧屈

15. **不是**腰椎间盘突出的特点是

   A. 常见于低腰椎节段   B. 最易出现在严重老化椎间盘

   C. 后侧多见   D. 与应力集中有关

   E. 可导致坐骨神经痛

16. 甩鞭伤易损的部位是

   A. $C_{1\sim2}$ B. $C_{2\sim3}$ C. $C_{3\sim4}$ D. $C_{4\sim5}$ E. $C_{5\sim7}$

17. 哪个**不是**腰椎的主要活动

   A. 前屈   B. 旋转   C. 后伸   D. 侧弯   E. 侧屈

18. **不参与**脊柱运动的肌肉是

   A. 竖脊肌   B. 腰方肌   C. 膈肌   D. 腹肌   E. 胸锁乳突肌

19. 成人脊髓下端水平达到

   A. 第二骶椎下缘水平   B. 第一腰椎下缘水平   C. 第三腰椎下缘水平

   D. 第五腰椎下缘   E. 第一骶椎下缘

20. 脊柱运动的功能单位是

   A. 脊柱前柱   B. 脊柱中柱   C. 脊柱后柱

   D. 椎间盘及其周围的软骨组织   E. 运动节段

21. 能防止脊柱过度后伸的韧带是
    A. 项韧带
    B. 棘间韧带
    C. 棘上韧带
    D. 前纵韧带
    E. 黄韧带

22. 关于人体运动的力学杠杆叙述正确的是
    A. 阻力点是肌肉在骨上的附着点
    B. 支点是运动的关节中心
    C. 力点是骨杠杆上的负荷,与运动方向相反
    D. 阻力臂是支点到力点的垂直距离
    E. 力臂是支点到阻力点的垂直距离

23. 脊柱的运动节段是指
    A. 颈部
    B. 胸腰段
    C. 腰部
    D. 相邻两个椎体及介于两者之间的软组织
    E. 相邻两个椎体之间的软组织

24. 脊椎活动度最小的部分是
    A. $C_{1\sim5}$
    B. $C_6\sim L_2$
    C. 胸椎
    D. 胸腰段
    E. 腰椎

25. 既能伸膝关节又能屈髋关节的肌肉是
    A. 股二头肌
    B. 半腱肌
    C. 股直肌
    D. 半膜肌
    E. 股中间肌

26. 躯干骨由下列哪些骨组成
    A. 椎骨、肋骨和肋软骨
    B. 胸骨、肋骨和肩胛骨
    C. 椎骨、骶骨和尾骨
    D. 椎骨、胸骨和 12 对肋骨
    E. 椎骨、骶骨和尾骨

27. 关于脊柱描述正确的是
    A. 有颈、胸、腰三个弯曲
    B. 侧面可见一个个椎孔
    C. 在矢状轴上可做屈伸运动
    D. 在垂直轴可做旋转运动
    E. 成年人脊柱由 25 块椎骨构成

28. 对椎间盘功能的描述,**不正确**的是
    A. 保持脊柱的高度
    B. 限制椎体的活动度
    C. 对纵向负荷起缓冲作用
    D. 保持椎间孔的大小
    E. 维持脊柱的生理曲度

【B 型题】
(29~32 题共用备选答案)
    A. 垂直于椎间盘水平中切面
    B. 平行于椎间盘
    C. 矢状面弯曲力矩
    D. 轴向扭矩
    E. 增高腹内压

29. 弯曲力

30. 扭转力

31. 压力

32. 剪切力

（三）简答题

1. 简述脊柱的运动功能。

2. 简述脊柱韧带的主要功能。

3. 简述脊柱稳定系统。

4. 简述脊柱不稳定可能产生的后果。

5. 简述枕 - 寰 - 枢复合体的结构和功能特点。

6. 简述腰椎间盘的功能。

7. 简述好的姿势应具备的生物力学和功能特征。

8. 弯曲和压迫负荷致腰椎间盘突出的力学损伤机制。

9. 简述腰椎间盘突出的后果。

四、参考答案

（一）名词解释

1. **脊柱生理弯曲**：脊柱正面观笔直,侧面观呈 S 形,有 4 个生理弯曲,即颈椎前凸、胸椎后凸、腰椎前凸和骶尾椎后凸。

2. **FSU 或脊柱功能单位**：FSU 或脊柱功能单位是指两个相邻椎体及其连结结构,后者包括椎间盘、韧带和关节突等。

3. **腰椎柱**：腰椎柱是腰部脊柱的骨性结构,由 5 个腰椎体和它们的椎间盘组成,介于脊柱胸椎尾侧与骶尾椎之间。

4. **甩鞭伤**：汽车低速相撞时,驾驶员的上半身被甩向前,然后再向后,这种相向运动过程,常可导致颈椎或腰椎损伤,这类损伤称为加速伸展性损伤,又称甩鞭伤。

（二）选择题

【A1 型题】

1. E 2. D 3. E 4. E 5. C 6. A 7. B 8. C 9. E 10. E 11. B 12. A 13. C 14. D 15. B 16. E 17. B 18. C 19. B 20. E 21. D 22. B 23. D 24. C 25. C 26. D 27. D 28. B

【B 型题】

29. C 30. D 31. A 32. B

（三）简答题

1. **简述脊柱的运动功能。**

脊柱的运动是由神经和肌肉的协调动作所产生。主动肌发动并开始运动,而拮抗肌则对运动进行控制和修正。脊柱有 6 个自由度,即绕冠状轴、矢状轴和垂直轴的旋转以及沿上述各轴的活动。脊柱运动往往是几个节段的联合动作,多个椎骨间的运动角度或范围的叠加,可使脊柱进行较大幅度的运动。其运动方式包括屈伸、侧屈、旋转和环转等。脊柱各段的运动度各不相同,颈部和腰部运动范围较大,也比较灵活,胸部运动很少,骶尾部骨性融合不能运动。

2. **简述脊柱韧带的主要功能。**

脊柱韧带的主要功能作用是:维持脊柱的稳定、为相邻脊椎传递载荷、保持脊柱平稳的生理运动和保护脊髓。

韧带装置为脊柱提供部分内在的稳定性,韧带在拉伸或缩短中常使椎间盘受到预应力,这为脊柱提供内在支持,并通过维持姿势、限制脊柱运动以及吸收能量,对脊柱提供保护;韧带把不同载荷从一个椎体传递到另一椎体,并使脊柱在生理范围内以最小的阻力进行平稳运动;在高载荷、高速度加载伤力下,通过限制位移,吸收能量来保护脊髓免受损伤。

3. 简述脊柱稳定系统。

脊柱的稳定系统由内源性稳定系统、外源性稳定系统和神经系统三个部分组成。内源性稳定系统,又称被动子系统,主要包括:椎骨、椎间盘和脊柱韧带;外源性稳定系统,又称主动子系统,主要由脊柱周围的肌、肌腱和内压组成;内源性稳定系统和外源性稳定系统由神经系统控制,使得它们功能协调,以实现脊柱稳定。

4. 简述脊柱不稳定可能产生的后果。

(1)脊柱丧失在生理载荷下控制异常活动的能力,并可导致进一步的损伤。

(2)脊柱功能、生物力学或神经功能,随着稳定性的丧失而退化。

(3)脊柱无法实现保护神经结构的基本功能。

5. 简述枕 – 寰 – 枢复合体的结构和功能特点。

枕 - 寰 - 枢复合体包括 $C_{0\sim1}$ 和 $C_{1\sim2}$ 两个节段,其运动最为独特。与脊柱其他节段运动相比,枕 - 寰 - 枢复合体的运动幅度较大,尤其是 $C_{1\sim2}$ 的轴向旋转运动。从解剖结构上看,枕 - 寰 - 枢复合体椎管相对较大,轴向旋转运动的轴线靠近脊髓,从而保证在较大的上部颈椎运动中不损伤脊髓。

6. 简述腰椎间盘的功能。

(1)保持脊柱的高度,维持身高。

(2)连结椎间盘上下两椎体,并使椎体间有一定活动度。

(3)使椎体表面承受应力。

(4)缓冲作用。椎间盘的弹性结构,起着力传导的缓冲作用,有利于保护大脑和脊髓。

7. 简述好的姿势应具备的生物力学和功能特征。

(1)体现整体利益:好的姿势不仅要对腰椎有益,而且还应包括肌和筋膜,是整体利益体现。

(2)适度的屈伸:腰椎既不要太多的屈曲,也不要太多的后伸,保持适度最为重要。中度屈曲的生物力学和营养学的益处较为显著。

(3)最小的应力或损伤负荷:理想的姿势应该是最小或最少的肌肉活动就可以保持脊柱的稳定,同时对组织的损伤也最小。这个原则适合健康人与腰痛病人。

8. 弯曲和压迫负荷致腰椎间盘突出的力学损伤机制。

在弯曲和压迫负荷下,即使纤维环无损,椎间盘也可以因为强大而重复的负荷而脱出。

(1)突然负荷而致椎间盘突出:当腰椎运动节段置于前外侧屈曲或过屈时,迅速压迫致节段破坏,大约一半的节段会通过后外侧椎间盘脱出而破坏。研究发现,这类椎间盘脱出具有以下特点:

1)常见于低腰椎节段:以 $L_{4\sim5}$,$L_5\sim S_1$ 最多。

2)多发生于没有退变的椎间盘。

3)多发生于轴向旋转加入到弯曲和压迫时。

4)后侧椎间盘脱出多见。

(2)重复负荷导致椎间盘脱出:在循环疲劳负荷中,压力、屈曲和侧屈的结合能够在很低的负荷水平下产生椎间盘脱出。

9. 简述腰椎间盘突出的后果。

从力学和生物学角度来看,腰椎间盘脱出可产生以下不良后果:

(1)导致髓核内压降低,椎间盘对屈曲的抵抗力降低,腰椎的稳定性降低。

(2)增加了相邻板层之间的剪切力,使得运动节段进一步倾向于力学破坏。

(3)压迫周围组织,引发周围组织的炎症反应,导致坐骨神经痛等。

(4)以上因素相互影响,并可形成恶性循环,加速椎间盘的退变进程。

（刘雅丽）

第四章
下肢

第一节　髋 与 骨 盆

一、学习目标

1. **掌握**　股骨的颈干角、前倾角的定义及正常值,髋关节及周围肌肉,骶髂关节等。
2. **熟悉**　髋关节、骶髂关节、耻骨联合基本特征及周围的结缔组织。
3. **了解**　尾骨连结及骨盆 - 股骨骨运动学。

二、重点和难点内容

重点

1. 骨骼的组成

（1）髋臼:髂骨、耻骨、坐骨。

（2）股骨:股骨头、颈干角（125°）、前倾角（10°~30°）、大转子、小转子。

2. 髋关节、骶髂关节运动

（1）髋关节:屈伸、内收、外展、旋内、旋外。

（2）骶髂关节:运动范围很小（1~3mm）以及测量困难,所以常被作为不动关节进行考虑。

3. 髋关节周围肌肉及运动。

髋关节运动与肌肉

运动的形式	参与运动的肌肉
屈曲	髂腰肌、股直肌、缝匠肌、耻骨肌、臀中肌前部及阔筋膜张肌。当髋关节由完全伸展位开始屈曲时,长收肌也参与
伸展	臀大肌、股二头肌长头、半腱肌、梨状肌
外展	主要为臀中肌、臀小肌,辅以缝匠肌和阔筋膜张肌
内收	长、短大收肌,辅以耻骨肌和股薄肌
内旋	臀小肌、阔筋膜张肌及臀中肌的前侧纤维
外旋	臀大肌、闭孔肌、孖肌、股方肌

难点

1. 股骨前倾角　即股骨颈的轴线与股骨内外髁的髁间连线有一向前扭转的角度,平均12°。前倾角 >12°,将使股骨头部分裸露,走路时为保持股骨头处于臼窝内,下肢有内旋倾向。

前倾角 <12°,走路时有外旋倾向。

　　2. **骨盆 – 股骨骨运动学**

　　（1）同方向腰骨盆节律:其表现为骨盆和腰椎在同一方向旋转。

　　（2）反向腰骨盆节律:当骨盆向一个方向转动时,腰椎同时向另一个方向转动。

三、习题

（一）名词解释

　　1. 股骨颈干角

　　2. 股骨前倾角

　　3. 髂股韧带

　　4. 坐股韧带

　　5. 腰骨盆节律

（二）填空题

　　1. 髋臼由髂骨、_____和_____组成。

　　2. 前倾角 >12°,将使股骨头部分裸露,走路时为保持股骨头处于臼窝内,下肢有_____。前倾角 <12°,走路时有_____。

　　3. _____韧带和_____韧带的张力共同限制髋关节的外展。

　　4. 臀大肌使髋关节_____和_____。

　　5. _____为髋关节屈曲 60° 以内时,使髋关节外旋;髋关节屈曲 60° 以上时,内旋髋关节。

（三）选择题

【A1 型题】

1. 骨盆的组成**不包括**

　　A. 坐骨 　　　　　　　　B. 股骨 　　　　　　　　C. 髂骨

　　D. 耻骨 　　　　　　　　E. 耻骨联合

2. 下列关于髂腰肌说法正确的是

　　A. 由髂肌和臀大肌两部分组成 　　　　B. 起点相同,止点不同

　　C. 全部被缝匠肌覆盖 　　　　　　　　D. 作用为屈和外旋髋关节

　　E. 作用为屈和内旋髋关节

3. 下列**不属于**屈髋肌的是

　　A. 臀大肌 　　　　　　　B. 臀中肌 　　　　　　　C. 髂腰肌

　　D. 缝匠肌 　　　　　　　E. 耻骨肌

4. 下列说法正确的是

　　A. 臀大肌的作用是后伸和内旋髋关节

　　B. 臀中肌的作用是使髋关节屈曲

　　C. 臀小肌能使髋关节外旋

　　D. 臀大肌由臀上神经支配,臀中肌和臀小肌由臀下神经支配

　　E. 臀大肌由臀下神经支配,臀中肌和臀小肌由臀上神经支配

5. 下列关于臀大肌说法正确的是

　　A. 是一块大而深的肌肉

B. 起自髂嵴、胸腰筋膜、尾骨后面和骶结节韧带

C. 肌纤维向外上走行

D. 作用为后伸和内旋髋关节

E. 止于股骨内侧髁

6. 下列关于髂股韧带说法**错误**的是

A. 位于关节前面,是人体强有力的韧带之一

B. 它起于髂前下棘,向下呈"人"字形

C. 经关节囊前方止于小转子

D. 可加强关节囊,还可以限制大腿过度伸展

E. 位于髋关节外侧

7. 髋关节后伸的关节活动的正常范围是

A. 0° ~ −10°　　　　　　B. 0° ~ 15°　　　　　　C. 0° ~ 20°

D. 0° ~ 25°　　　　　　E. 0° ~ 30°

8. 下列关于髋关节内外旋的范围说法最准确的是

A. 内旋 0° ~ 45°,外旋 0° ~ 90°

B. 内旋 0° ~ −90°,外旋 0° ~ −45°

C. 内外旋均为 0° ~ −45°,但内旋运动大于外旋运动

D. 内外旋均为 0° ~ −45°,但外旋运动大于内旋运动

E. 内外旋均为 90°

【A2 型题】

9. 病人,女,28 岁,正常产分娩一女婴,2 个月后,由于劳累白天在沙发小睡后,出现腰骶部疼痛,无下肢放射性疼痛。查体:双下肢不等长,右侧骶髂关节触压痛(+),腰椎棘突旁压痛(−),其最可能的诊断是

A. 椎管狭窄　　　　　　B. 骶髂关节紊乱　　　　　　C. 骨关节炎

D. 类风湿关节炎　　　　E. 腰椎间盘突出

10. 病人,男,外伤后出现走路不稳,步行周期中,当右腿支撑时,出现骨盆向左侧倾斜(右侧髂嵴高于左侧),右腿摆动时,基本正常。查体:右侧臀中肌肌力 3 级(正常肌力 5 级),其余肌肉肌力基本正常。可能损伤的周围神经是

A. 臀上神经　　　　　　B. 臀下神经　　　　　　C. 闭孔神经

D. 股神经　　　　　　　E. 坐骨神经

【B 型题】

(11 ~ 13 题共用备选答案)

A. 股薄肌

B. 耻骨肌

C. 髂腰肌

D. 股直肌

E. 臀大肌

11. 具有屈髋和外旋作用的肌肉是

12. 具有伸髋和外旋作用的肌肉是

13. 具有屈髋和内收作用的肌肉是

（四）简答题

1. 组成髋关节的韧带主要有哪些？
2. 骨盆的连接有哪些关节？
3. 髋关节的稳定机制包括什么？
4. 髋关节的运动及参与的肌肉有哪些？

四、参考答案

（一）名词解释

1. **股骨颈干角**：股骨头借股骨颈与股骨干相连。股骨颈与股骨干纵轴所形成的角为颈干角，成年平均呈 125°。

2. **股骨前倾角**：股骨的第二个角称前倾角，即股骨颈的轴线与股骨内外髁的髁间连线有一向前扭转的角度，呈 10°～30°（平均 12°）锐角。

3. **髂股韧带**：位于关节前面，是人体强有力的韧带之一，它起于髂前下棘，向下呈"人"字形，经关节囊前方止于转子间线，限制由于过伸引起的脱位。

4. **坐股韧带**：较薄，起自坐骨，位于髋关节后面，限制髋关节的内旋和伸展。耻股韧带和坐股韧带的张力共同限制髋关节的外展。

5. **腰骨盆节律**：由于在股骨头上的骨盆的旋转而改变了腰部脊柱的构型，这个重要的运动学关系称为腰骨盆节律。

（二）填空题

1. 耻骨、坐骨
2. 内旋倾向、外旋倾向
3. 耻股韧带、坐股韧带
4. 后伸、外旋
5. 梨状肌

（三）选择题

【A1 型题】

1. B　2. D　3. A　4. E　5. B　6. C　7. B　8. D

【A2 型题】

9. B　10. A

【B 型题】

11. C　12. E　13. B

（四）简答题

1. 组成髋关节的韧带主要有哪些？

组成髋关节的韧带有髂股韧带、耻股韧带、坐股韧带、股骨头韧带。

2. 骨盆的连接有哪些关节？

骨盆的连接有腰骶关节、骶髂关节（2个）、骶尾关节、耻骨联合、髋关节（2个）。

3. 髋关节的稳定机制包括什么？

髋关节的稳定机制包括：①关节窝深：髋关节的髋臼很深，可容纳股骨头的 2/3。加上髋臼唇加深了关节窝，几乎使整个股骨头被包绕在关节窝内，因而使髋关节活动时股骨头不易脱出；②关节囊厚而坚韧：髋关节囊厚而紧张，大大增加了其稳固性，也限制关节的活动幅度；

③关节周围韧带数量多且紧张有力:韧带从四面加固髋关节。

4. 髋关节的运动及参与的肌肉有哪些?

髋关节的运动及参与的肌肉

运动的形式	参与运动的肌肉
屈曲	髂腰肌、股直肌、缝匠肌、耻骨肌、臀中肌前部及阔筋膜张肌;当髋关节由完全伸展位开始屈曲时,长收肌也参与
伸展	臀大肌、股二头肌长头、半腱肌、梨状肌
外展	主要为臀中肌、臀小肌,辅以缝匠肌和阔筋膜张肌
内收	长、短大收肌,辅以耻骨肌和股薄肌
内旋	臀小肌、阔筋膜张肌及臀中肌的前侧纤维
外旋	臀大肌、闭孔肌、孖肌、股方肌

(王 艳)

第二节 膝 关 节

一、学习目标

1. **掌握** 胫股关节、髌股关节的组成、膝关节的运动、膝关节周围肌肉等。
2. **熟悉** 膝关节基本特征及周围的结缔组织、Q角的定义及临床意义。
3. **了解** 膝关节周围肌肉的神经支配。

二、重点和难点内容

重点

1. **骨骼的组成** 股骨、髌骨、胫骨。
2. **运动** 屈伸、内外旋、前后平移。
3. **膝关节运动与肌肉**

膝关节运动与肌肉

运动的形式	参与运动的肌肉
屈曲	腘绳肌、腓肠肌、跖肌、腘肌、股薄肌和缝匠肌
伸展	股四头肌
内旋	缝匠肌、半腱肌、半膜肌、股薄肌、腓肠肌的内侧头
外旋	股二头肌、腓肠肌的外侧头

难点

1. **半月板的结构和作用**

(1)内侧半月板较大,呈C形;外侧半月板较小,近似O形。

（2）作用：①传导负载；②维持稳定；③减轻震荡。

2. **Q 角** 是股四头肌肌力线和髌韧带力线的夹角，正常 Q 角为 11°～18°，Q 角是临床中常用来评估股四头肌对于髌骨牵拉力量的大小。

3. **作用于膝关节的单关节肌和双关节肌** 单关节肌：股外侧肌、股中间肌、股内侧肌、腘肌和股二头肌短头；双关节肌：跨越髋关节和膝关节，包括股直肌、缝匠肌、股薄肌、半腱肌、半膜肌、股二头肌长头和阔筋膜张肌的髂胫束。

三、习题

（一）名词解释

1. Q 角
2. 关节扣锁
3. 半月板

（二）填空题

1. 膝关节外翻角小于_____，称为膝外翻。

2. 膝关节前交叉韧带伸膝时紧张，功能是限制胫骨_____。

3. 膝关节的旋转活动是伴随膝关节_____活动进行的，为不随意运动。

4. 膝关节后交叉韧带_____时紧张，功能是限制胫骨后移。

5. 内侧半月板（medial meniscus）较大，呈_____形，外侧半月板（lateral meniscus）较小，近似_____形。

（三）选择题

【A1 型题】

1. 膝关节骨的组成有
   A. 股骨、胫骨　　　　　　　B. 股骨、胫骨、腓骨、髌骨　　　　C. 股骨、胫骨、腓骨
   D. 股骨、胫骨、髌骨　　　　E. 股骨、腓骨

2. 下列韧带中，对防止膝过伸起到重要作用的是
   A. 腘斜韧带和前交叉韧带　　　　　　　B. 腘斜韧带和后交叉韧带
   C. 胫侧副韧带和前交叉韧带　　　　　　D. 胫侧副韧带和后交叉韧带
   E. 胫侧副韧带和腓侧副韧带

3. 关于髌骨的说法正确的是
   A. 当屈膝时，提供股骨髁关节面的骨性保护
   B. 减小股四头肌的力矩
   C. 增加对股骨髁的压力和分散股骨髁上的力
   D. 髌骨在股骨滑车及髁间沟间，只有矢状面上的滑动，没有冠状面上的滑动
   E. 减小股四头肌的力臂

4. 下列**不属于**半月板的功能的是
   A. 稳定髌骨　　　　　　B. 减轻震荡　　　　　　C. 维持稳定
   D. 传导负载　　　　　　E. 分散载荷

5. 下列属于伸膝的肌肉有
   A. 半膜肌　　　　　　B. 半腱肌　　　　　　C. 股四头肌
   D. 腓肠肌　　　　　　E. 股二头肌

【A2 型题】

6. 病人,男,1 天前打篮球投篮时不慎摔倒,出现膝关节疼痛肿胀;走路时,膝关节不稳。查体:浮髌试验(+),前抽屉试验(+)。该病人可能诊断是

A. 外侧副韧带损伤   B. 内侧副韧带损伤   C. 髌韧带损伤

D. 前交叉韧带损伤   E. 后交叉韧带损伤

7. 病人,女,50 岁,1 周前不慎下楼梯时摔倒,出现左膝关节疼痛肿胀,卧床 1 周后,肿胀和疼痛明显好转,但是走路时,膝关节偶尔出现卡住(绞索)现象,左膝关节负重时疼痛。查体:浮髌试验(−),前抽屉试验(−),半月板研磨试验(+)。该病人可能诊断是

A. 髌骨骨折   B. 胫骨平台骨折   C. 半月板损伤

D. 前交叉韧带损伤   E. 后交叉韧带损伤

【B 型题】

(8~10 题共用备选答案)

A. 腓侧副韧带

B. 胫侧副韧带

C. 前交叉韧带

D. 后交叉韧带

E. 腘斜韧带

8. 保持膝关节内侧稳定的韧带是

9. 保持膝关节外侧稳定的韧带是

10. 保持膝关节后方稳定的韧带是

(四) 简答题

1. 试述膝关节的骨组成及特点。

2. 膝关节韧带包括哪些?

3. 作用于膝关节的单关节肌有哪几块?

4. 参与膝关节屈曲的肌肉有哪些?

四、参考答案

(一) 名词解释

1. **Q 角**:是股四头肌肌力线和髌韧带力线的夹角,即从髂前上棘到髌骨中点的连线为股四头肌肌力线,髌骨中点至胫骨粗隆最高点连线为髌韧带力线,两线所形成的夹角为 Q 角,中国人正常 Q 角为 11°~18°。Q 角是临床中常用来评估股四头肌对于髌骨牵拉力量的大小。

2. **关节扣锁**:伸膝运动如同旋紧螺丝的最后动作被称为关节扣锁。

3. **半月板**:位于胫骨平台表面,是垫在膝关节股骨与胫骨之间半月形的纤维软骨盘,其边缘较厚、中间很薄、上面凹陷、下面平坦,填充在两侧的胫骨髁上。

(二) 填空题

1. 165°

2. 前移

3. 屈伸

4. 屈膝

5. C、O

（三）选择题

【A1 型题】

1．D　2．A　3．A　4．A　5．C

【A2 型题】

6．D　7．C

【B 型题】

8．B　9．A　10．E

（四）简答题

1. 试述膝关节的骨组成及特点。

骨组成：膝关节由髌骨和股内、外侧髁以及胫骨内、外侧髁构成。

特点：

（1）关节囊大而松弛，各部厚薄不一，前壁缺损不全，由髌骨和髌韧带填补。

（2）关节腔内有相互交叉排列的前、后交叉韧带。

（3）股、胫两骨的内外侧髁之间有内外侧半月板，可加深关节窝，加强膝关节稳定性，并有减缓冲击和增加膝关节旋转的灵活性等作用。

（4）关节囊的滑膜向关节腔内突出形成翼状襞，壁内含脂肪组织，充填于关节腔内的空隙；滑膜向外穿过纤维膜薄弱处，形成与关节腔相通的滑膜囊，囊内充满滑液，垫于肌腱与骨面之间，能减少运动中肌腱与骨的摩擦，可因外伤和劳损发生滑膜囊炎和囊肿。

2. 膝关节韧带包括哪些？

膝关节韧带包括：髌韧带、腓侧副韧带、胫侧副韧带、腘斜韧带、前交叉韧带和后交叉韧带。

3. 作用于膝关节的单关节肌有哪几块？

作用于膝关节的单关节肌有股外侧肌、股中间肌、股内侧肌、腘肌和股二头肌短头。

4. 参与膝关节屈曲的肌肉有哪些？

参与膝关节屈曲的肌肉有腘绳肌（股二头肌、半腱肌、半膜肌）、腓肠肌、跖肌、腘肌、股薄肌和缝匠肌。

（王　艳）

第三节　踝　与　足

一、学习目标

1．**掌握**　踝与足部关节的组成结构，主要关节的运动方式、运动范围及其运动轴特征，足弓的组成、分类与功能。

2．**熟悉**　踝与足部关节的主要韧带、运动肌肌群及重要肌腱和筋膜。

3．**了解**　踝关节负荷与平衡的生物力学机制及生物力学特征。

二、重点和难点内容

重点

（一）踝关节

1. 踝关节的结构特点

（1）由胫骨、腓骨远端关节面和距骨关节面组成。踝关节的关节窝呈叉状（踝穴），在加强踝关节稳定性上起着十分重要的作用。

（2）踝关节两侧韧带厚而坚韧，起维持关节稳定的作用。三角韧带主要限制足过度外翻，外侧韧带主要限制踝足的内翻幅度，下胫腓韧带维持踝穴的稳定性。

（3）踝关节的活动主要由足外肌群，即小腿肌群完成。

2. 踝关节的运动学特征 踝关节与足部的一系列关节加上膝关节的旋转轴构成了一个有三个自由度的关节，这使足部在任何位置可适应不同的不平整路面行走。

（1）踝关节的运动特点：当踝跖屈时，足内翻、内收-旋后；踝背伸时，足外翻、外展-旋前。

（2）踝关节负荷与稳定机制：踝关节的负荷与其关节面接触面积的大小有关。

（二）足和足弓

1. 足的结构特点。

2. 足的运动学特点。

3. 足弓：足弓的主要功能有支持体重、缓冲震荡、保护作用、增强适应、推进作用。

难点

1. 踝关节的运动学特征。

2. 足和足弓。

三、习题

（一）名词解释

1. 足的旋前和旋后

2. 足弓

（二）填空题

1. 踝足的旋前由＿＿＿＿＿＿、＿＿＿＿＿＿和＿＿＿＿＿＿的联合运动。

2. 踝足的旋后由＿＿＿＿＿＿、＿＿＿＿＿＿和＿＿＿＿＿＿的联合运动。

3. 足弓根据位置和功能可以分为＿＿＿＿＿＿和＿＿＿＿＿＿。

（三）选择题

【A1 型题】

1. 参与踝关节组成的骨有

   A. 胫骨、腓骨、距骨　　　　　B. 胫骨、腓骨、跟骨　　　　　C. 胫骨、距骨

   D. 胫骨、跟骨　　　　　　　　E. 胫骨、跟骨、距骨

2. 关于踝关节的叙述**错误**的是

   A. 踝背伸时，距骨滑车较宽的部分位于踝穴内，关节不能侧向转动

   B. 内侧有三角韧带

   C. 运动轴横穿距骨体，自内上向外下倾斜

   D. 可单独作旋前、旋后运动

E. 跖屈大于背屈

3. **不属于**踝关节的韧带是

    A. 三角韧带   B. 距腓后韧带   C. 跟腓韧带

    D. 腓侧副韧带   E. 距腓前韧带

4. 足部最大的跗骨是

    A. 跟骨   B. 距骨   C. 足舟骨

    D. 足骰骨   E. 足楔骨

5. 关于足弓的说法**错误**的是

    A. 弓凸向上方

    B. 由胫骨、腓骨及足部的关节、韧带、肌腱共同构成

    C. 分为纵弓和横弓

    D. 足弓塌陷叫扁平足

    E. 具有支撑作用

6. 小腿前侧群肌均是

    A. 踝跖屈肌   B. 踝背伸肌   C. 足内翻肌

    D. 足外翻肌   E. 足旋前肌

7. **不是**踝关节运动肌群的功能特征是

    A. 跖屈肌所做的功远大于背屈肌

    B. 跖屈肌所做的功远小于背屈肌

    C. 除腓骨长、短肌外,所有踝跖屈肌均是足内翻肌

    D. 跖屈肌有对抗足外翻的作用

    E. 胫骨前肌肌腱和腓骨长肌肌腱在足底形成腱环,有维持足弓的作用

8. 跖腱膜

    A. 由足背深筋膜在足中间部增厚所成

    B. 在后方附于跟结节,向前附着于距骨底

    C. 似一弓弦,张于横弓上

    D. 人在直立或负重时,弓弦绷紧,维持足弓

    E. 跖腱膜不是维持和保护足弓的重要组织

9. 对跗横关节的描述**错误**的是

    A. 包括距舟关节和跟骰关节

    B. 跗横关节的关节线呈 S 形,内侧部凸向后方,外侧部凸向前方

    C. 跗横关节的主要功能是与相邻关节更好地协同完成足的旋前、旋后运动

    D. 跗横关节分别沿纵轴和斜轴两个运动轴进行运动

    E. 跗横关节绕纵轴主要产生足的内、外翻活动

10. 对维持足弓正常形态发挥重要作用的韧带有

    A. 下胫腓韧带   B. 距腓韧带   C. 距跟韧带

    D. 足背韧带   E. 足底韧带

11. 对足部肌群描述正确的是

    A. 足内肌起自于小腿骨,止于足内部

    B. 足外肌包括足背肌和足底肌

C. 足背肌比较强大,包括短伸肌和趾短伸肌

D. 跖方肌及 4 条蚓状肌位于足底肌的第三层

E. 足的内部肌通常是作为一个整体功能单位活动的

【A2 型题】

12. 病人,男,30 岁,于 2 小时前踢足球时不慎扭伤右踝,当即感伤处肿痛,无法活动,遂来医院就诊。查体:右踝关节肿胀明显,外踝处压痛(+);辅助检查:X 线未见明确骨性结构异常。其最可能扭伤的韧带是

A. 踝内侧韧带　　　　　B. 踝外侧韧带　　　　　C. 下胫腓韧带

D. 距跟韧带　　　　　　E. 足底韧带

【B 型题】

(13 ~ 15 题共用备选答案)

A. 足内翻

B. 足外翻

C. 足旋前

D. 足外展

E. 足内收

13. 小腿外侧肌可跖屈踝关节并使

14. 胫骨前肌可背伸踝关节并使

15. 小腿后群肌可跖屈踝关节并使

(四)简答题

1. 试述足弓的组成、结构特点及作用。

2. 简单描述踝足部的运动特点。

3. 简述踝关节、距跟关节以及跗横关节运动轴的特点。

四、参考答案

(一)名词解释

1. 足的旋前和旋后:足踝部的运动主要表现为多关节相互配合下的三维复合运动,旋前包括足外翻、外展和踝背屈动作;旋后为足内翻、内收及踝跖屈动作的合并。

2. 足弓:由 7 块跗骨、5 块跖骨及其关节、韧带、肌腱组成的向足背突出的弓形结构称足弓。根据足弓位置及功能,将足弓分为纵弓和横弓。

(二)填空题

1. 足外翻、足外展、踝背屈

2. 足内翻、足内收、踝跖屈

3. 纵弓、横弓

(三)选择题

【A1 型题】

1. A　2. D　3. D　4. A　5. B　6. B　7. B　8. D　9. B　10. E　11. E

【A2 型题】

12. B

【B 型题】

13. B　14. A　15. A

（四）简答题

1. 试述足弓的组成、结构特点及作用。

足弓由足的 7 块跗骨、5 块跖骨以及将它们连结起来的关节、足底的韧带和肌腱共同构成一个凸向上方的弓形结构。根据足弓位置及功能，将足弓分为纵弓和横弓。

纵弓包括内侧纵弓和外侧纵弓两部分。内侧纵弓由跟、距、舟三块楔骨及第 1~3 跖骨组成。内侧纵弓的特点是较长、较高，活动性大，富于弹性，为足弓的主要运动部分，使足可以适应不同的路面，并有缓冲作用。外侧纵弓由跟、骰骨及第 4、第 5 跖骨构成。其特点是较低、较短，站立时几乎近地平面，弹性差，活动度小，比较稳定，主要作用是承载重力。横弓在前足的冠状面上，由骰骨、三块楔骨与跖骨排列而成，向前足背隆起的弓形。

足弓的形态结构决定了足弓的功能。其主要功能有支持体重、缓冲震荡、保护作用、增强适应、推进作用。

2. 简单描述踝足部的运动特点。

描述足踝的运动可以利用标准的人体三维空间平面：足部绕冠状轴在矢状面上的相对运动为背屈与跖屈；足部绕矢状轴在冠状面的相对运动为内翻和外翻；足部在水平面绕垂直轴的相对运动为内收和外展。然而，在实际生活中，由于足踝部的关节轴多为斜行，故足踝部的运动主要表现为多关节相互配合下的三维复合运动，其特点是稳定中有灵活。常用的描述术语为旋前、旋后，旋前包括外翻、外展和背屈动作；旋后为内翻、内收及跖屈动作的合并。

3. 简述踝关节、距跟关节以及跗横关节运动轴的特点。

踝关节的实际运动轴并不水平，其从后下外指向前上内，基本与内外踝尖连线一致，横穿距骨体自内上向外下倾斜。其在冠状面上平均向外倾斜约 10°，水平面上平均向外旋转 6°。由于踝关节轴倾斜，所以踝关节绕此轴，即足部背屈和跖屈时，在水平面上足兼有绕小腿纵轴旋转的内收、外展活动，以及在冠状面的足内翻、足外翻。

距跟关节的运动轴线是由跟骨后外下方斜向前内上方，斜经跗骨窦，至距骨颈上内侧的假设轴。此轴与水平面呈 42° 左右夹角，与足的中线呈向内侧偏斜 16° 左右夹角。跟骨相对于距骨主要产生足的内、外翻运动（冠状面）。但因距跟关节轴向内、向前、向上方的倾斜，足内、外翻的同时，还会伴有一定程度的内收和外展（水平面）运动，以及微小的跖屈和背伸（矢状面）。

跗横关节分别沿纵轴和斜轴两个运动轴进行运动。纵轴与矢状轴基本重合，其与水平面成 15° 左右角，在矢状面上向内侧倾斜 9° 左右，主要产生的足部在冠状面内的内、外翻活动。比较而言，斜轴的倾斜性更加明显，其与地面成 52° 左右角，矢状面上向内倾斜约 57°，足部绕此轴形成外展、背屈和内收、跖屈的复合运动。

（徐冬青）

第四节　行走运动学

一、学习目标

1. **掌握**　行走运动控制中步态的时空关系，关节运动学及肌运动学。

2. **熟悉** 行走运动时身体重心的转移与控制。

3. **了解** 临床常见的异常步态。

二、重点和难点内容

重点

（一）步态分析的时空参数

1. 步态周期

2. 站立与摆动阶段

（二）身体重心的转移与控制

1. 身体重心的转移

2. 动能和潜能

（三）行走关节运动学

1. 矢状面的运动

（1）骨盆

（2）髋关节

（3）膝关节

（4）踝关节

（5）第一跗跖关节

（6）第一跖趾关节

2. 冠状面的运动

（1）骨盆

（2）髋关节

（3）膝关节

（4）踝关节

（5）距下关节

3. 水平面的运动

（1）骨盆

（2）股骨

（3）胫骨

（4）髋关节

（5）膝关节

（6）踝关节和足

4. 躯干与上肢

（1）躯干

（2）肩关节

（3）肘关节

5. 减少能量消耗的运动方法

（1）减少身体重心垂直转移的方法

（2）减少身体重心水平转移的方法

（四）行走肌运动学

1. 髋关节

2. 膝关节

3. 踝关节和足

4. 躯干

（五）步态异常

1. 疼痛

2. 神经系统疾病

3. 肌肉骨骼系统疾病

难点

1. 行走的关节学

2. 行走的肌动学

3. 临床常见异常步态

三、习题

（一）名词解释

1. 步态周期

2. 跨步长

3. 步长

4. 足角

（二）填空题

1. 步态周期包括：支撑阶段和_____。

2. 步态分期中的支撑阶段包括：足跟触地、_____、_____、_____、足趾离地。

（三）选择题

【A1 型题】

1. 关于步态周期的描述**错误**的是

A. 一个步态周期分为支撑相和摆动相

B. 在一个步态周期中，身体经历了 2 次双下肢支撑期和 2 次单下肢支撑期

C. 当步速变慢时，双足支撑相在步态周期中所占的百分比就会减少

D. 支撑相占步态周期的 60%，摆动相仅占 40%

E. 在跑步时，双足支撑期消失

2. 关于步态周期支撑相的说法**错误**的是

A. 支撑相包含足跟触地、足平放、中期支撑、足跟离地和足趾离地

B. 足跟触地是指足跟与地接触的瞬间

C. 足平放发生在步态周期的 8%

D. 中期支撑期占步态周期的 50%

E. 足趾离地发生在步态周期的 60%

3. 关于行走的矢状面关节运动学**错误**的是

A. 骨盆在矢状面的运动是发生在髋部和腰骶关节

B. 骨盆的运动范围会随着行走速度的增加而减少

C. 屈髋挛缩的病人在支撑期的后半部会出现极其严重的骨盆前倾

D. 髋关节在足跟触地时,前屈的角度大约为 30°

E. 在足趾离地前,髋关节的最大后伸角度大约为 10°

4. 关于行走的矢状面关节运动学**错误**的是

A. 当足跟触地时,踝关节处于轻度 0° ~ 5° 的跖屈

B. 由踝关节背侧屈肌的向心收缩引起的踝跖屈,使足平放于地面

C. 当胫骨前移越过支撑足时,踝背屈增加到 10°

D. 在足跟离地不久,踝关节开始跖屈,最大到 15° ~ 20°

E. 在摆动相,踝关节再次背屈到中立位以使足趾完全离地

5. 关于行走的冠状面运动**错误**的是

A. 在支撑下肢的骨盆 - 股骨间总的内收和外展幅度大约为 10° ~ 15°

B. 当右下肢支撑体重时,左半侧骨盆逐渐下降

C. 膝关节在冠状面上有较大范围的关节运动发生

D. 踝关节背屈时,可伴随轻度的外翻和外展

E. 踝关节跖屈时,伴随着轻度的内翻与内收

6. 关于距下关节运动学**错误**的是

A. 旋前运动包含了外翻、外展和背屈

B. 旋后运动包含了内翻、内收和跖屈

C. 距下关节运动角度的测量是跟骨线与小腿后方长轴的夹角

D. 距下关节最大内翻的角度大约为 2° ~ 3°

E. 距下关节最大外翻的角度大约为 2°

7. 行走下肢在水平面的运动**错误**的是

A. 在右足跟触地时,骨盆呈现逆时针方向的旋转

B. 在整个步态周期中,骨盆向每个方向旋转的角度为 3° ~ 4°

C. 在步速和步长增加时,会出现较小的骨盆旋转

D. 足跟触地后,股骨出现向内的旋转

E. 大约在步态周期的 20%,股骨开始向相反的方向旋转,即外旋

8. 关于行走的水平面运动学**错误**的是

A. 肩带骨的旋转与骨盆的方向相同

B. 行走时,躯干活动受限将导致能量消耗提高 10%

C. 当股骨后伸时,同侧的肱骨就前屈

D. 在步态周期的 50% 肩关节和肘关节最大前屈角度约为 10° 和 45°

E. 在步态周期的后半部分肩关节后伸 25°,肘关节回到 20° 屈曲位

9. 髋周肌群在步态周期中的作用哪项是**错误**的

A. 臀大肌在摆动末期开始离心收缩,从足跟触地开始强烈收缩伸髋

B. 腘绳肌的功能与臀大肌相似,伸髋并支撑体重

C. 在足趾离地前髂肌和腰大肌开始向心收缩,使伸髋加速

D. 髂肌和腰大肌向心收缩,使髋关节在足趾离地前屈曲进入摆动初期

E. 臀中肌和臀小肌在步态周期的最初 40% 处于最大收缩状态

10. 膝周肌群在步态周期中的作用哪项是**错误**的
    A. 在摆动的终末期,股四头肌收缩为足跟触地做准备
    B. 在支撑中期,股四头肌开始向心收缩,起到伸膝和支撑体重的作用
    C. 在足跟触地前,腘绳肌的收缩加速了伸膝运动
    D. 腘绳肌在从足跟触地前到足跟触地后这段时期,处于最大收缩状态
    E. 支撑相的最初 10%,腘绳肌收缩辅助伸髋

11. 踝周肌群在步态周期中的作用,哪项是**错误**的
    A. 在 1 个步态周期中胫骨前肌有 2 次收缩
    B. 当足跟触地时,胫骨前肌强有力地向心性收缩,而产生有控制的踝跖屈
    C. 第二次胫骨前肌的收缩是在摆动相,踝背屈
    D. 在足跟触地时,趾长伸肌和姆长伸肌减慢了踝跖屈
    E. 腓肠肌和比目鱼肌在支撑相的大部分时期,都处于收缩状态

12. 关于躯干肌行走运动学下述哪项是**错误**的
    A. 腰部竖脊肌在步态周期中有 2 次收缩
    B. 腰部竖脊肌第 2 次收缩时,刚好与对侧的足跟触地时期一致
    C. 在步态周期中,腹直肌的收缩力度不大,仅有 1 次收缩
    D. 腹直肌收缩力的增加稳定了骨盆和腰椎
    E. 腹直肌的收缩与竖脊肌的收缩时间一致

【X 型题】

13. 关于步态,以下哪些描述是正确的
    A. 一个步态周期分为支撑相和摆动相
    B. 在步态周期中,身体经历了 1 次双下肢支撑期
    C. 在步态周期中,身体经历了 2 次单下肢支撑期
    D. 支撑相占步态周期的 60%,摆动相仅占 40%
    E. 在跑步时,双足支撑期消失

14. 关于步态周期的摆动相,正确的是
    A. 传统上摆动相被分为早期、中期和末期三个阶段
    B. 早期摆动是指从足趾离地到中期摆动的时期
    C. 中期摆动与对侧下肢的中期支撑不是同时发生的
    D. 步态周期的 75% ~ 85% 时摆动,足刚好越过支撑足
    E. 后期摆动是指从中期摆动到足跟触地的时期

15. 关于行走的矢状面关节运动学正确的是
    A. 当足跟触地时,膝关节大约屈曲 5°
    B. 膝关节的轻度屈曲由股四头肌的离心性收缩引起的
    C. 当身体重量逐步传递到下肢时,膝关节逐渐伸直到几乎完全的伸直位
    D. 当足跟离地时,膝关节又开始屈曲
    E. 最大膝关节屈曲角度为 35°

16. 关于行走的水平面运动学,正确的是
    A. 肩带骨的旋转与骨盆的方向相同
    B. 行走时,躯干活动受限,将导致能量消耗提高 10%

C. 当股骨后伸时,同侧的肱骨前屈

D. 在步态周期的 50%,肩关节和肘关节最大前屈角度约为 10° 和 45°

E. 在步态周期的后半部分,肩关节后伸 25°,肘关节回到 20° 的屈曲位

17. 步态中减少能量消耗的运动策略有

A. 水平面上骨盆旋转

B. 矢状面上踝关节旋转

C. 支撑相膝关节屈曲

D. 冠状面上骨盆旋转

E. 冠状面上髋关节旋转

18. 踝周肌群在步态周期中的作用哪些是正确的

A. 胫骨前肌及其他的踝背屈肌力量很弱时,将形成"垂足"

B. 踝跖屈肌的收缩主要发生于足跟将要离地时

C. 胫骨后肌(足的后旋肌)在步态周期的 5% ~ 55% 处于收缩状态

D. 腓骨短肌和腓骨长肌在步态周期的 20% ~ 30% 开始收缩,直到足跟离地后

E. 足内在肌从支撑中期到足趾离地,处于收缩状态,稳定了足前掌并提升了足内侧纵弓的高度

19. 关于步态控制哪些是正确的

A. 脊髓存在步态模式发生器

B. 躯体感觉、视觉和前庭均在反应性和运动控制反馈中起作用

C. 姿势和步行是自动的,它们不需要认知系统的配合

D. 剪刀步态是由于髋关节的过度内收引起的

E. 帕金森病的步态通常表现为慌张步态

20. 以下哪些属于异常病理步态

A. 划圈步态　　　　　　　B. 慌张步态　　　　　　　C. 猫步

D. 剪刀步　　　　　　　　E. "拍打"步态

(四)简答题

1. 请用图表示步态的空间参数。

2. 步态周期中势能最大和势能最小分别发生于?

3. 描述老年人步态通常会发生的变化,这些变化可能提供哪些保护?

4. 踝背屈肌无力与一些典型的异常步态有关。请分别比较以下三个不同程度背屈肌无力的状态下,踝关节和足部的异常步态:①轻度(30% 的肌力损失或肌力只剩 4/5,基于徒手肌力测试的结果);②中等(肌力损失大于 50% 或肌力只剩 3-/5);③严重(肌力损失 80% ~ 90% 或肌力只剩 2/5)。

四、参考答案

(一)名词解释

1. **步态周期**:行走是一系列运动循环的结果。行走最基本的组成单元是步态周期。步态周期始于一侧足跟与地的接触,止于同侧足跟再次着地。因此,一个步态周期包括左足的一步与右足的一步,共两步。

2. **跨步长**:指同一足的足跟相继触地之间的距离。

3. **步长**:指不同足的足跟相继触地之间的距离。

4. **足角**:身体前进的方向与足的长轴之间的夹角,正常人大约是7°

(二)填空题

1. 摆动阶段

2. 足平放、负重反应期(支撑相中期)、足跟离地

(三)选择题

【A1型题】

1. C 2. D 3. B 4. B 5. C 6. D 7. C 8. A 9. C 10. C 11. B 12. C

【X型题】

13. ACDE 14. ABDE 15. ABCD 16. BCDE 17. ABCDE 18. ABCDE 19. ABDE
20. ABDE

(四)简答题

1. 请用图表示步态的空间参数。

步态的空间参数如图:

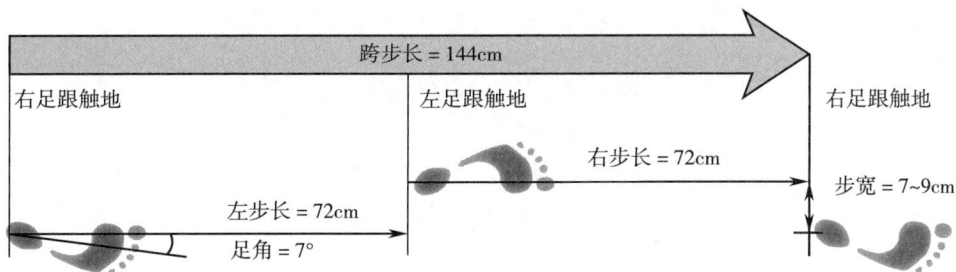

2. 步态周期中势能最大和势能最小分别发生于?

当身体的质心位于其最高位置时,势能最大,发生于两次单下肢支撑期的中点,处于步态周期的30%和80%。相反,当质心位于其最低位置时势能最小,发生于两侧下肢支撑期的中点,处于步态周期的5%和55%。

3. 描述老年人步态通常会发生的变化,这些变化可能提供哪些保护?

当一个人年龄越来越大时,通常采用较慢的步行速度。这是通过减少步长和较慢节奏的组合来实现的。这些变化增加了双脚支撑的时间,从而提高了稳定性,并降低了跌倒风险。

4. 踝背屈肌无力与一些典型的异常步态有关。请分别比较以下三个不同程度背屈肌无力的状态下,踝关节和足部的异常步态:①轻度(30%的肌力损失或肌力只剩4/5,基于徒手肌力测试的结果);②中等(肌力损失大于50%或肌力只剩3–/5);③严重(肌力损失80%~90%或肌力只剩2/5)。

足跟触地时,地面反作用力作用于跟骨,这时踝背屈肌群需保持较强的离心收缩力,从而可控制性地跖屈并逐渐将足落于地面。

踝背屈轻度无力的病人临床表现为"足拍地"——即在足跟触地后,足不受控制地快速拍击地面,发出特征性的声音。踝背屈轻度无力时,仍可使摆动相的踝关节保持在正常中立位,但在足跟触地后,足不受控制地落于地面。

踝背屈中度无力的病人在足着地时,表现为相对"平足",因为摆动相时即有踝背屈无力,所以在站立相初期,不能很好地进行足跟触地,表现为整个足底同时着地,故称"平足"。

重度踝背屈无力时,整个摆动相均表现为跖屈(常称"垂足"),站立相早期,前足先着地,踝关节随之背屈。摆动相跖屈可能是由于跖屈挛缩,比如,马蹄足畸形,但如果病人有马蹄足畸形,则在整个站立相都会有一定程度的跖屈。

(敖丽娟)